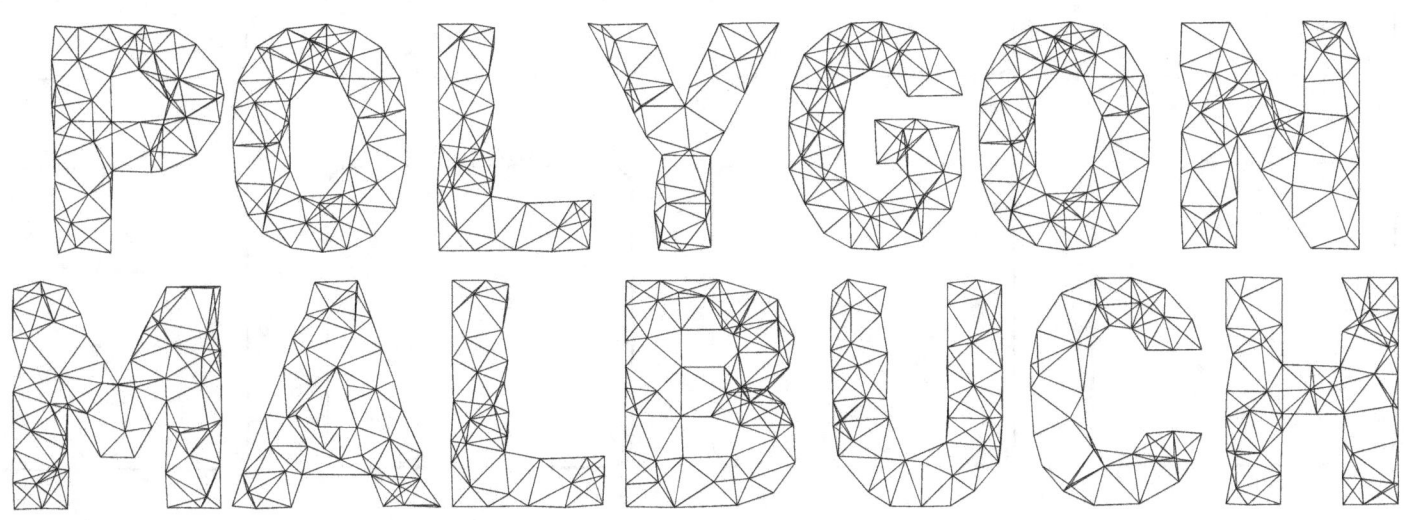

Das etwas andere Malbuch mit Spaßfaktor!

Teste hier noch einmal deine Farben

Bist du fertig? Na dann kann es ja losgehen!

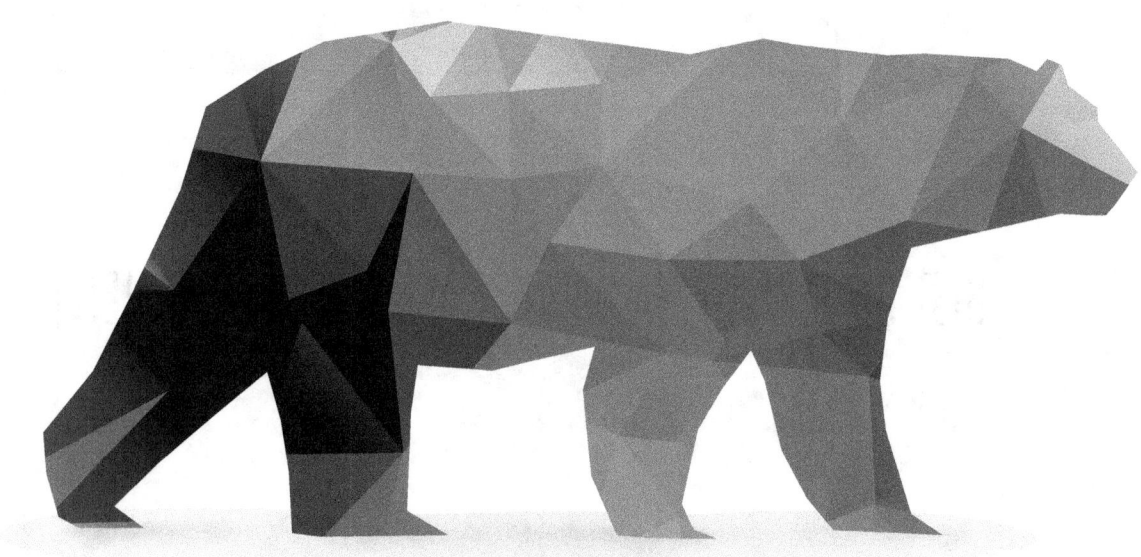

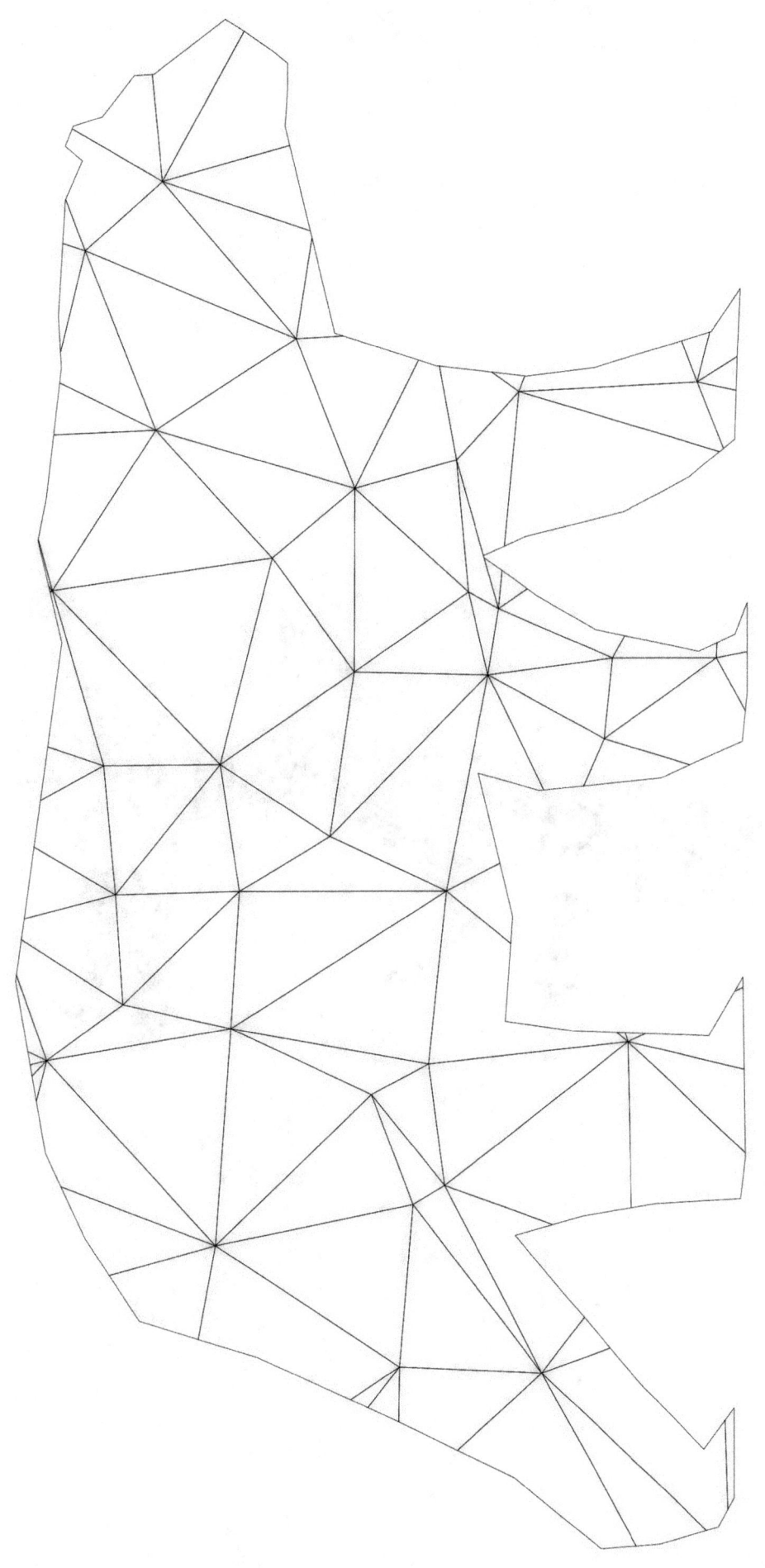

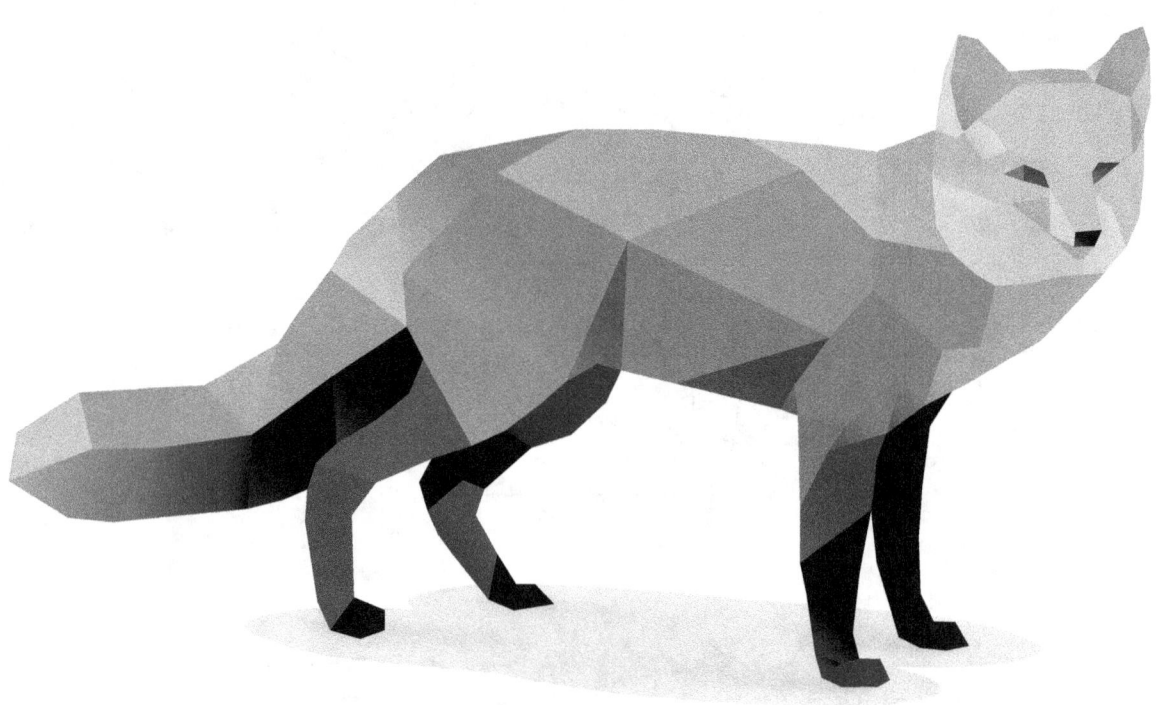

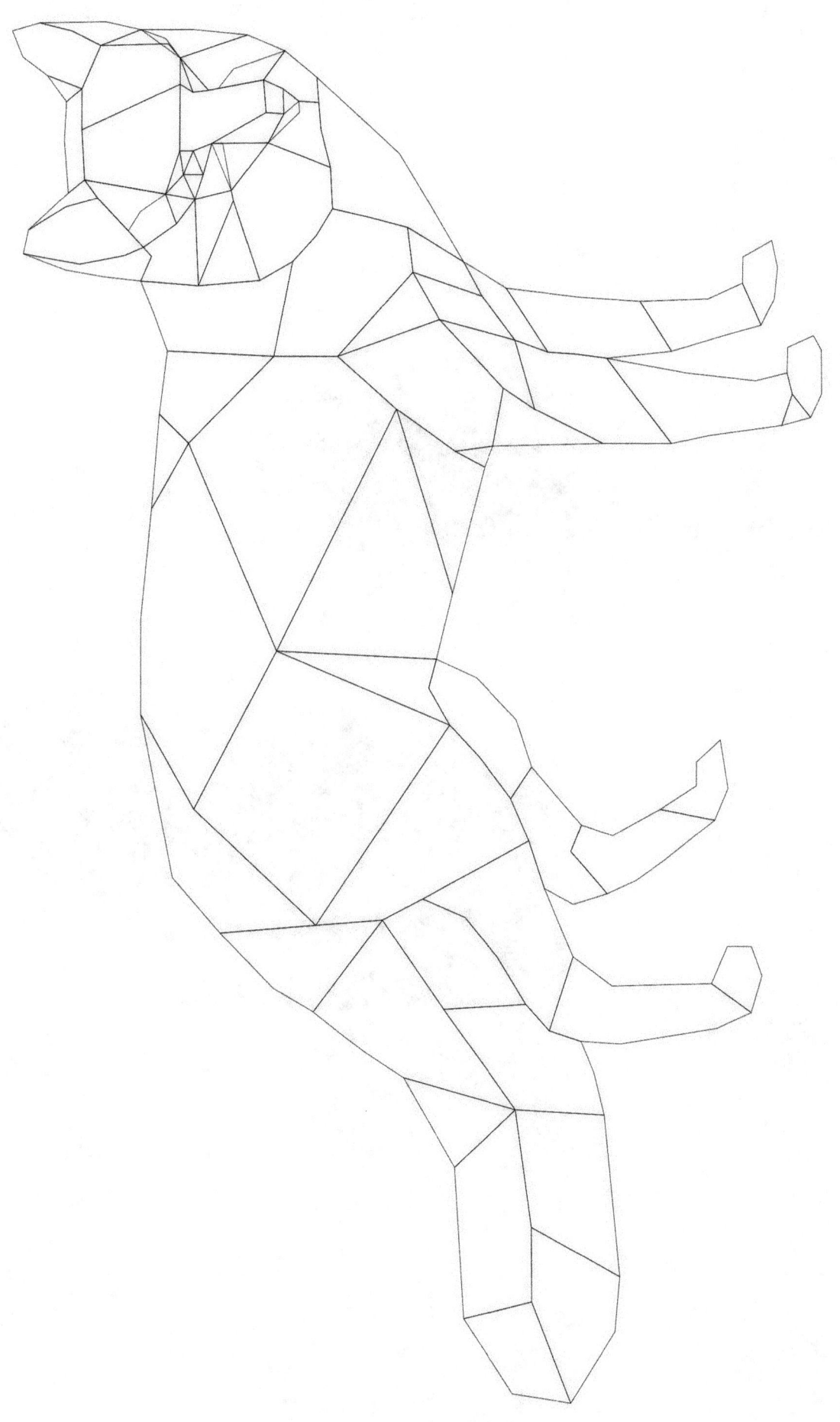

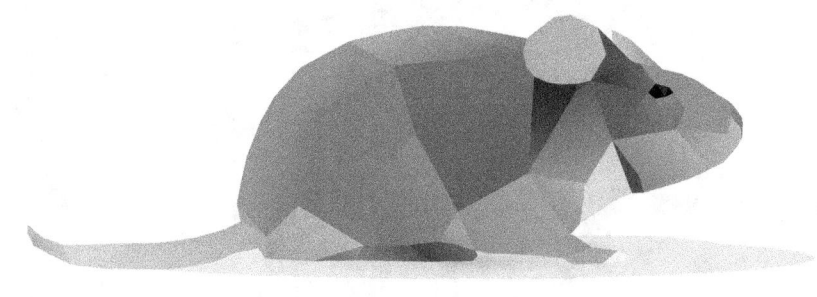
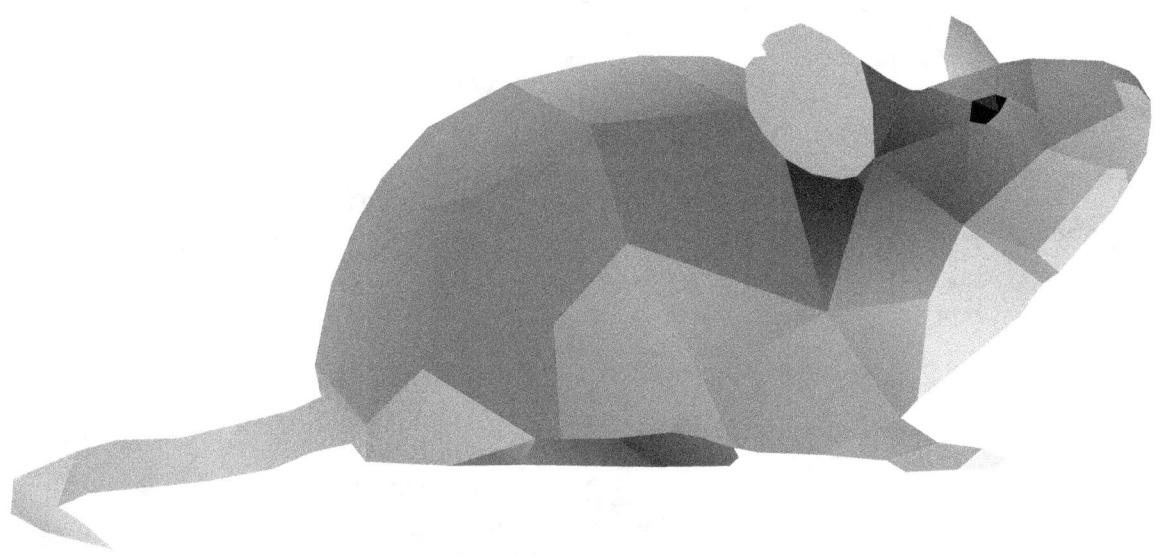

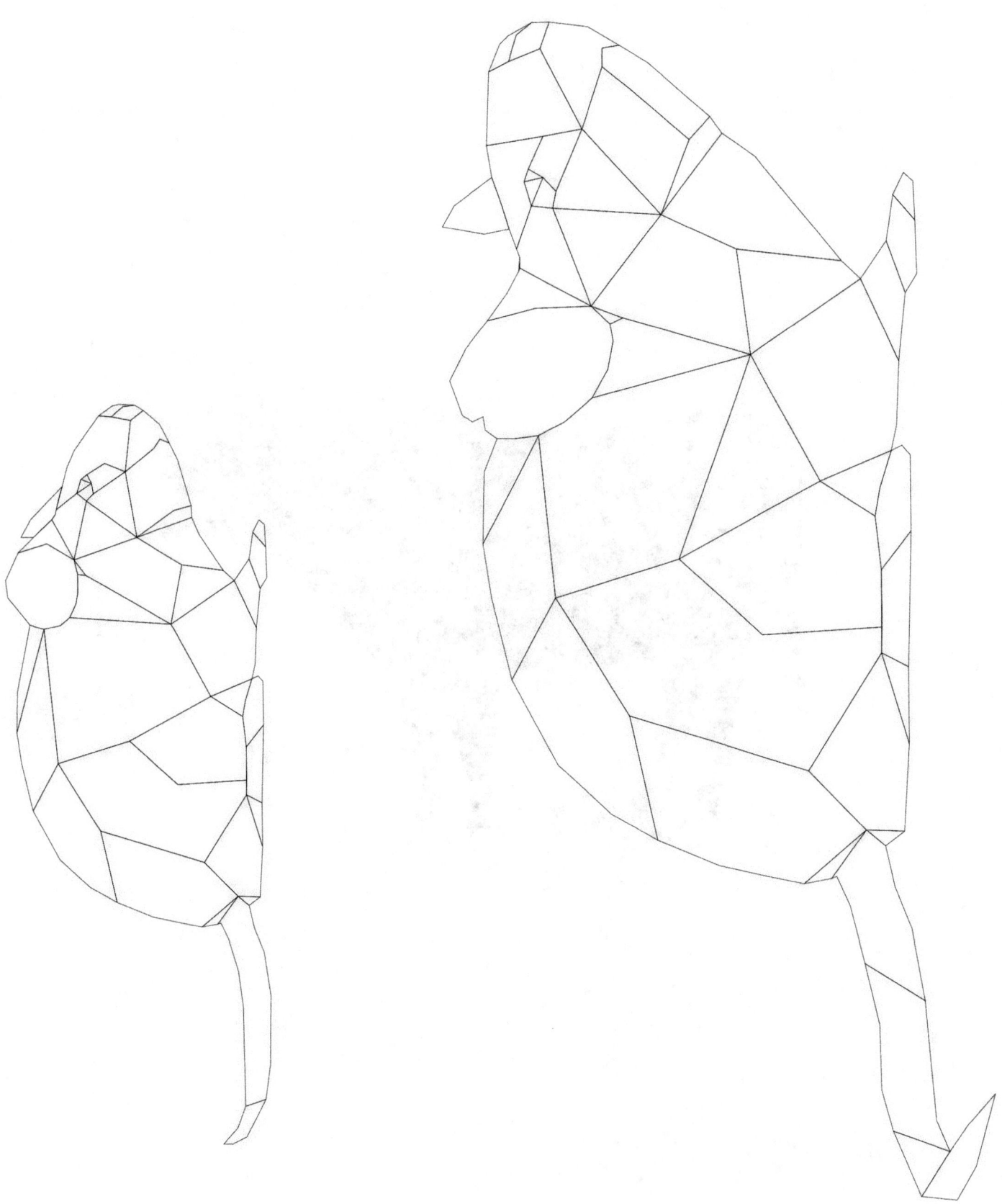

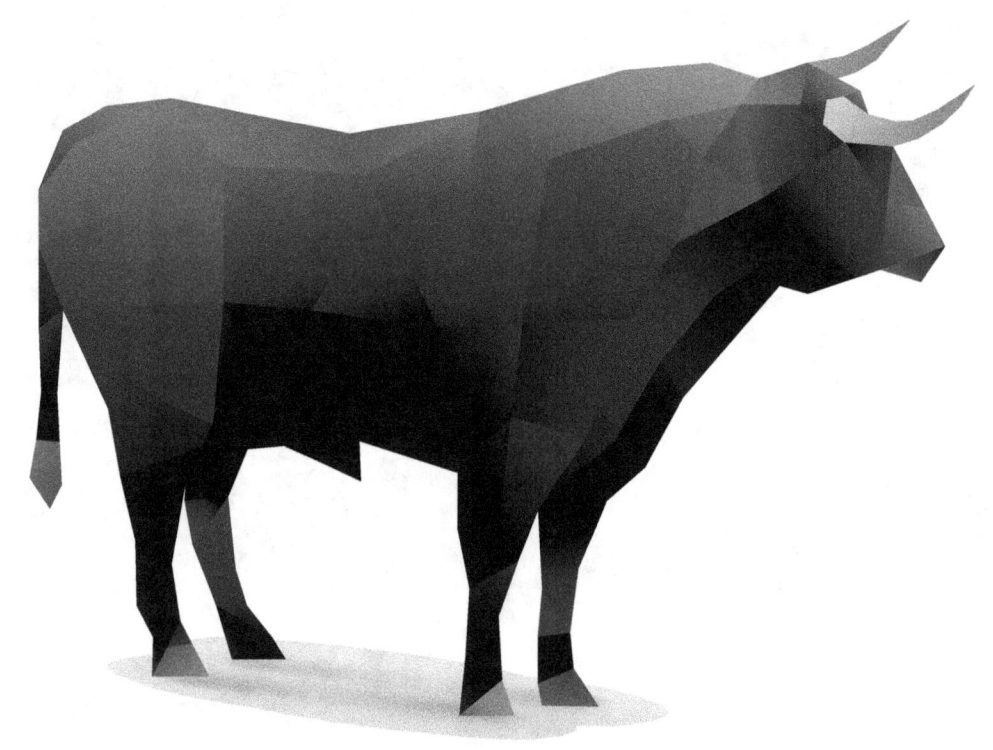

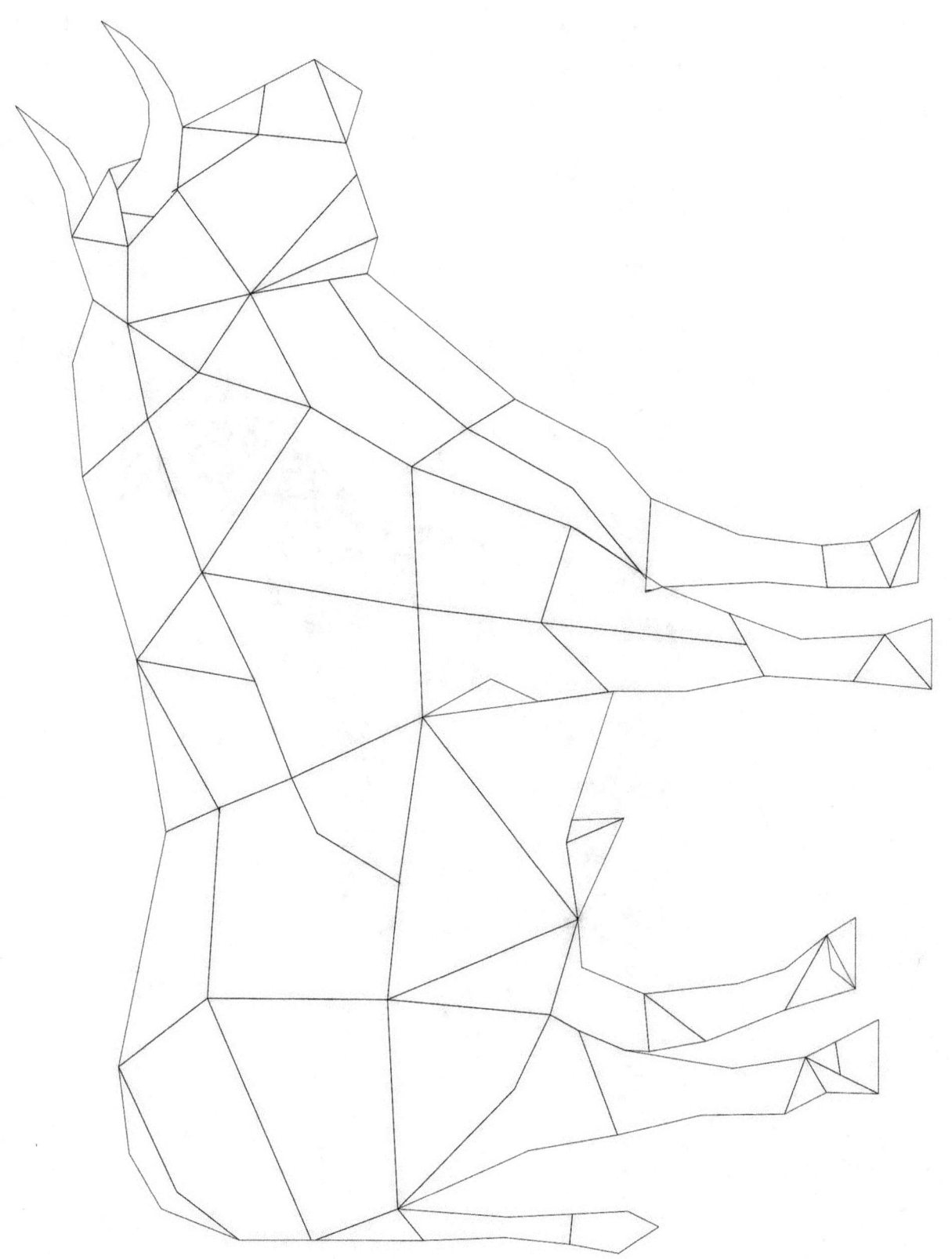

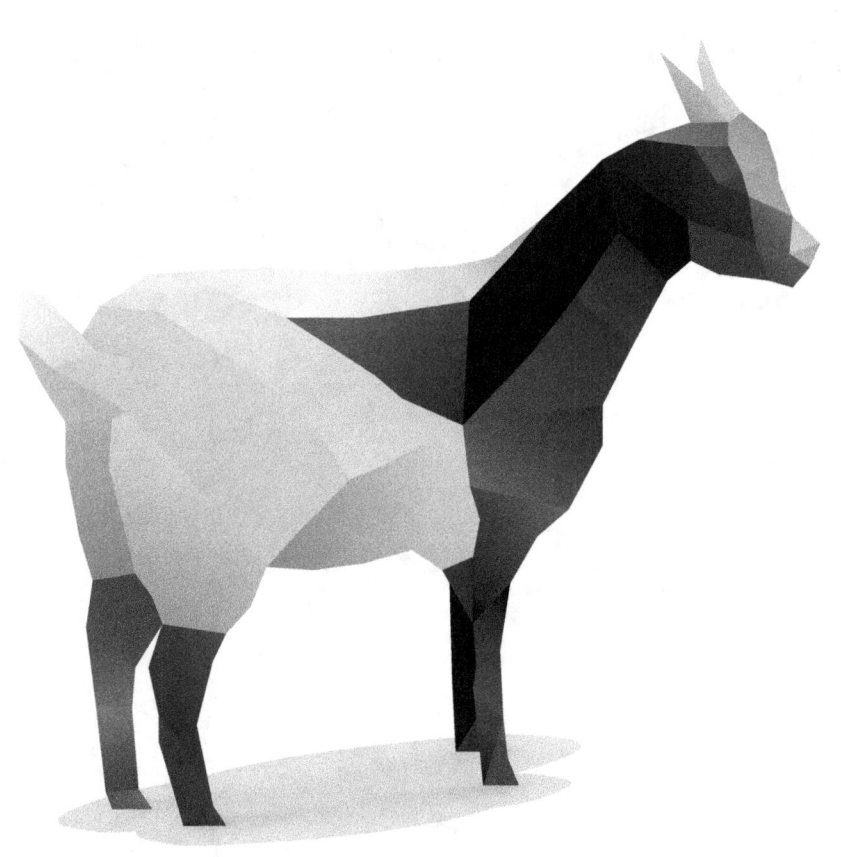

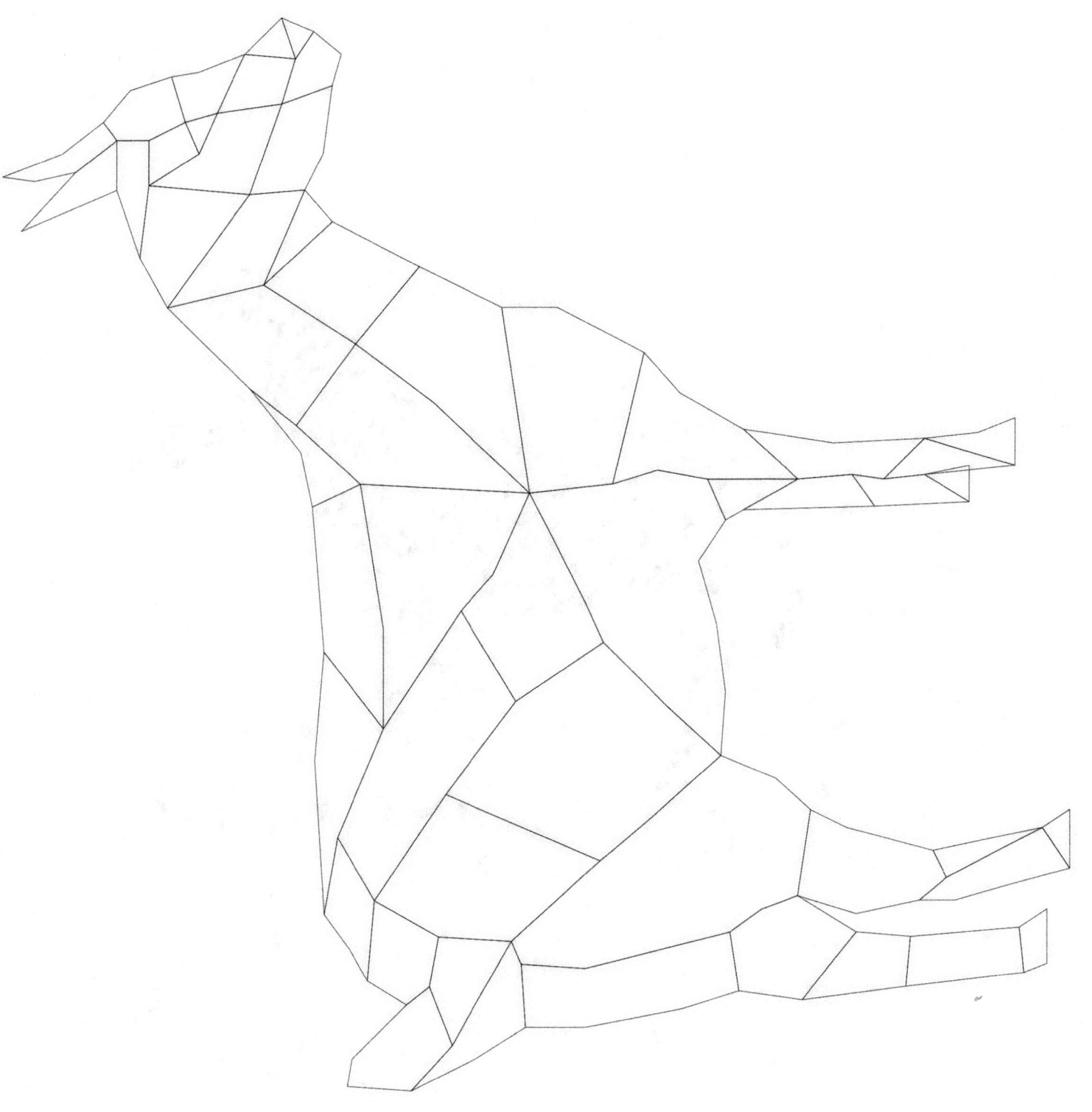

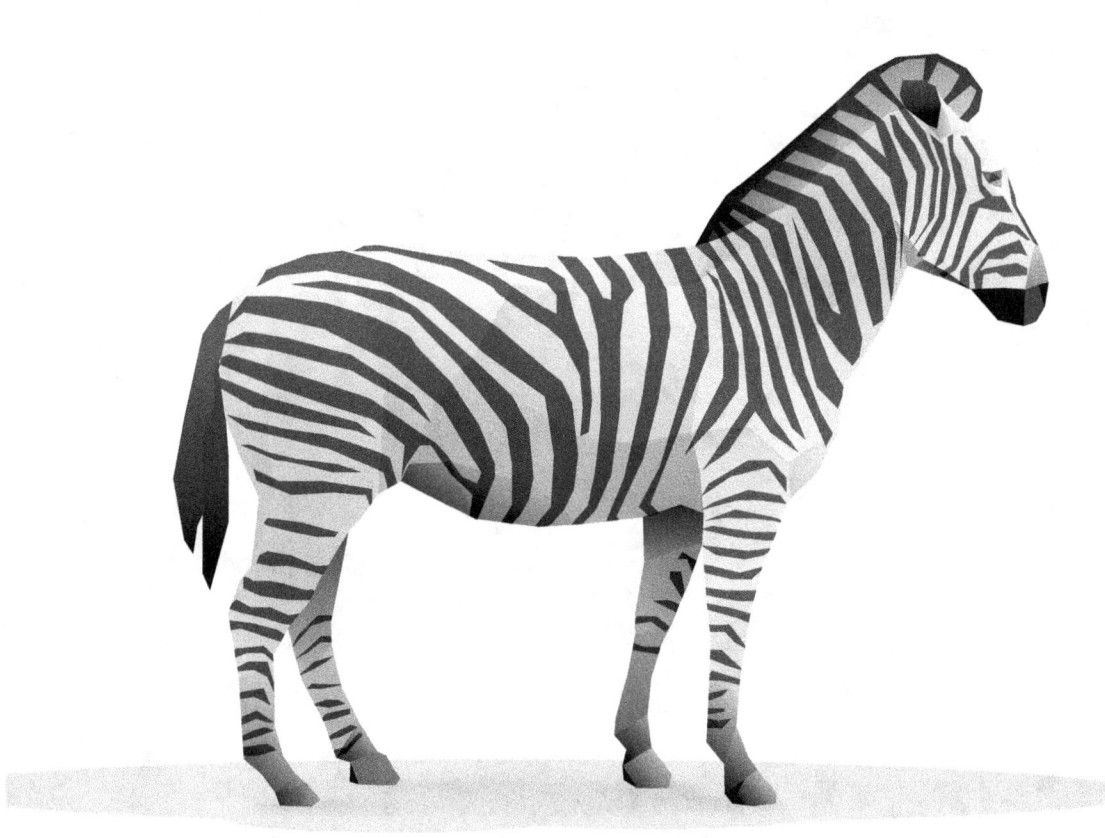

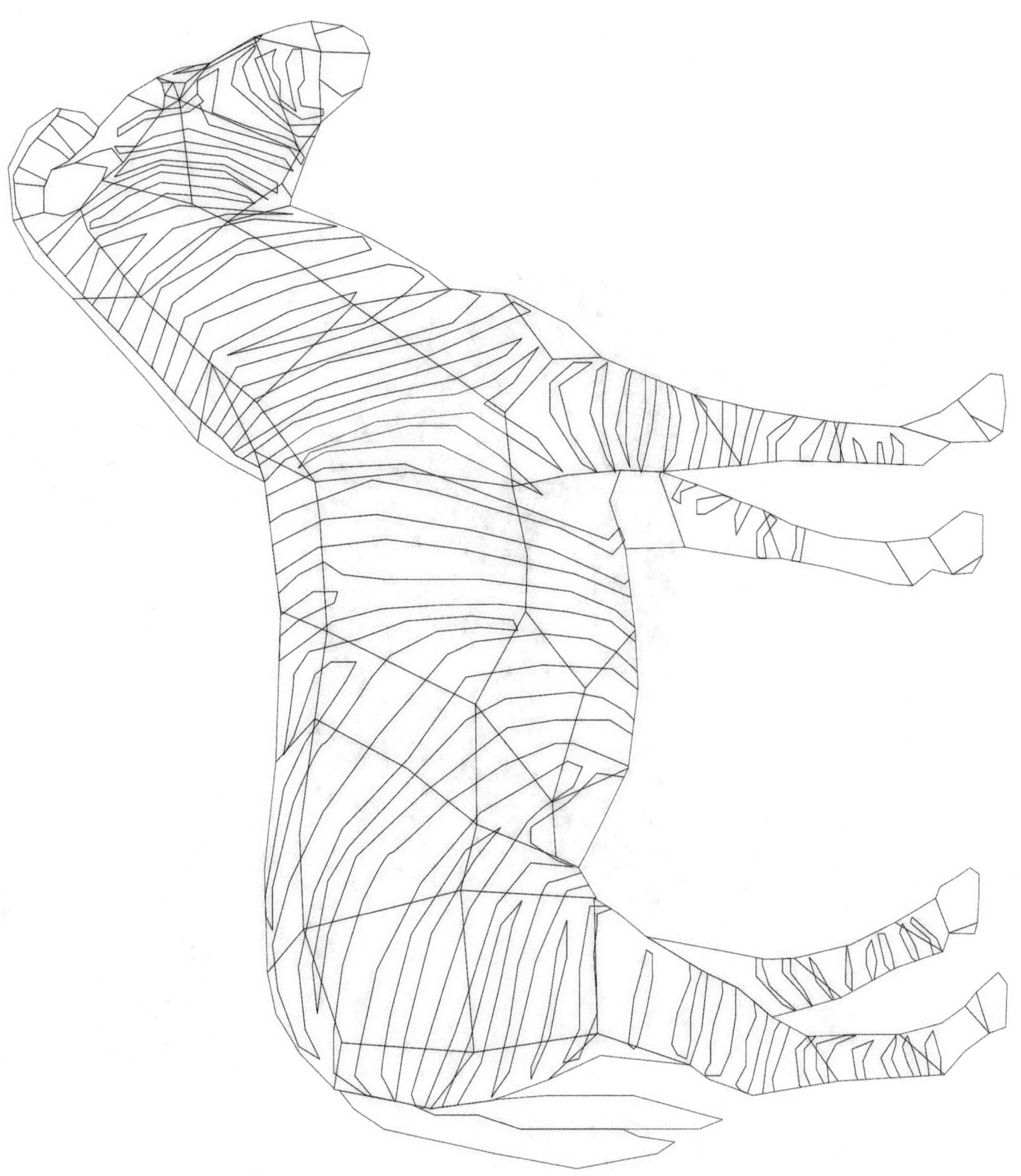

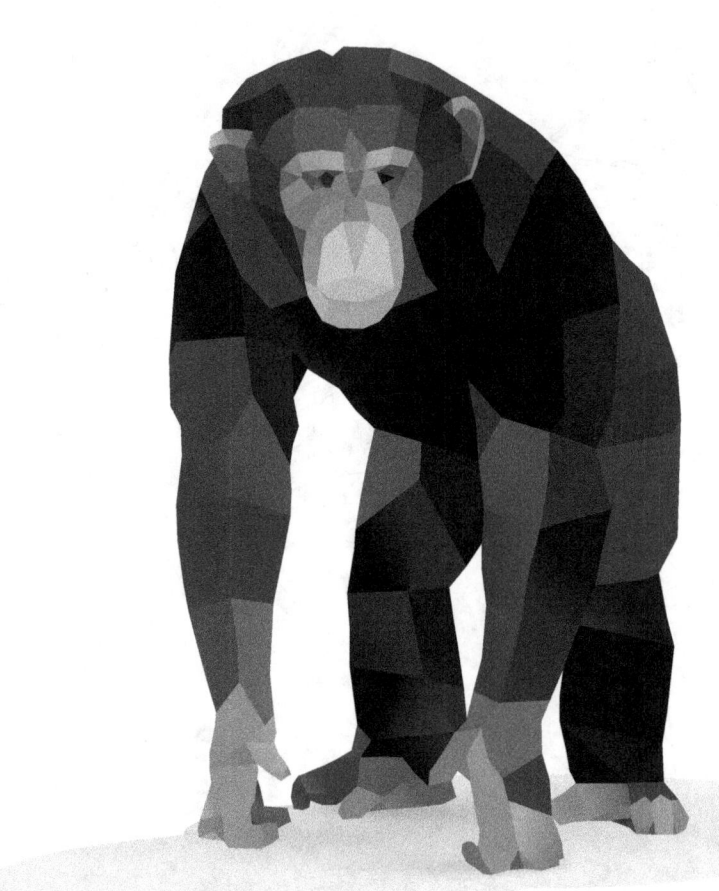

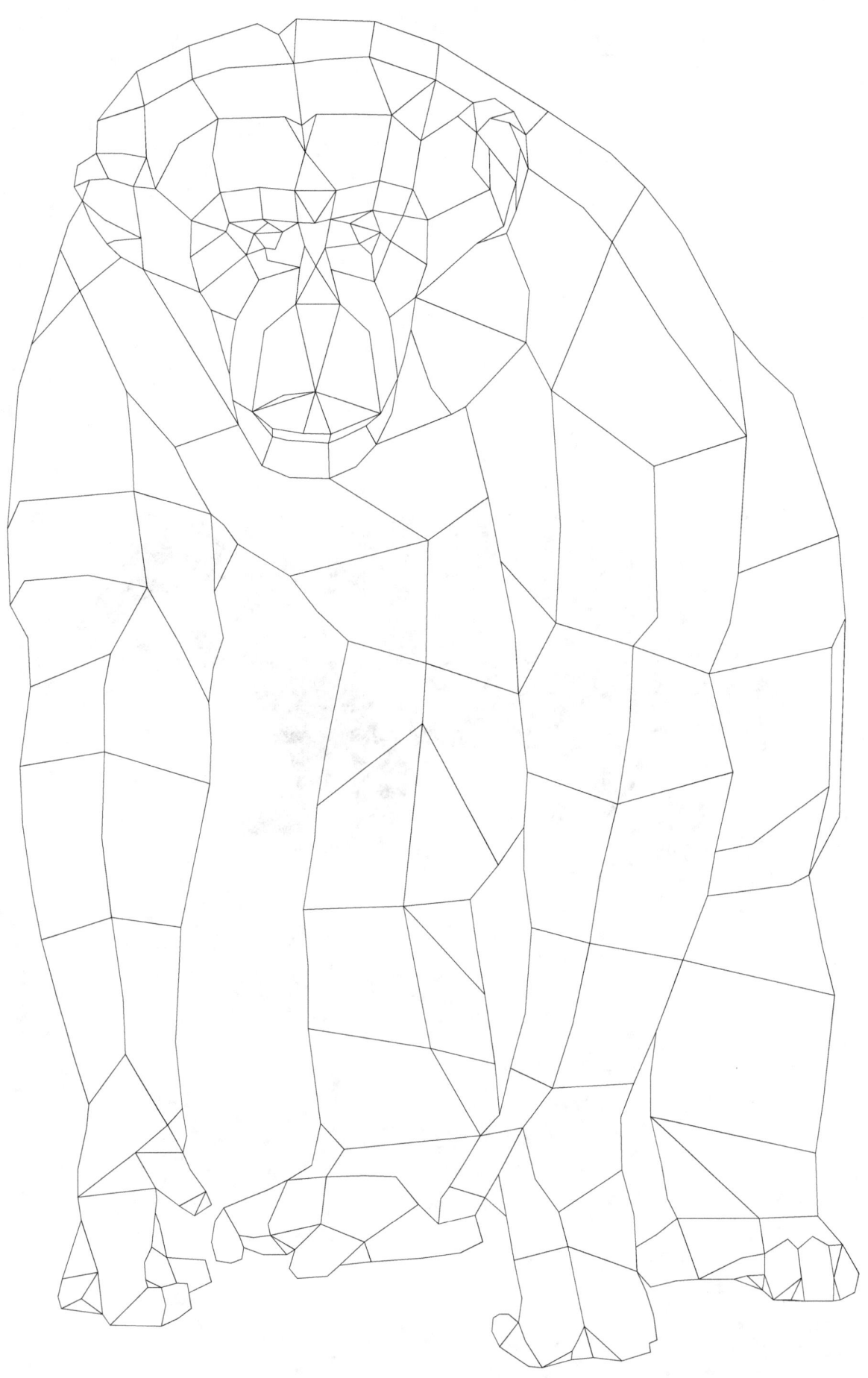

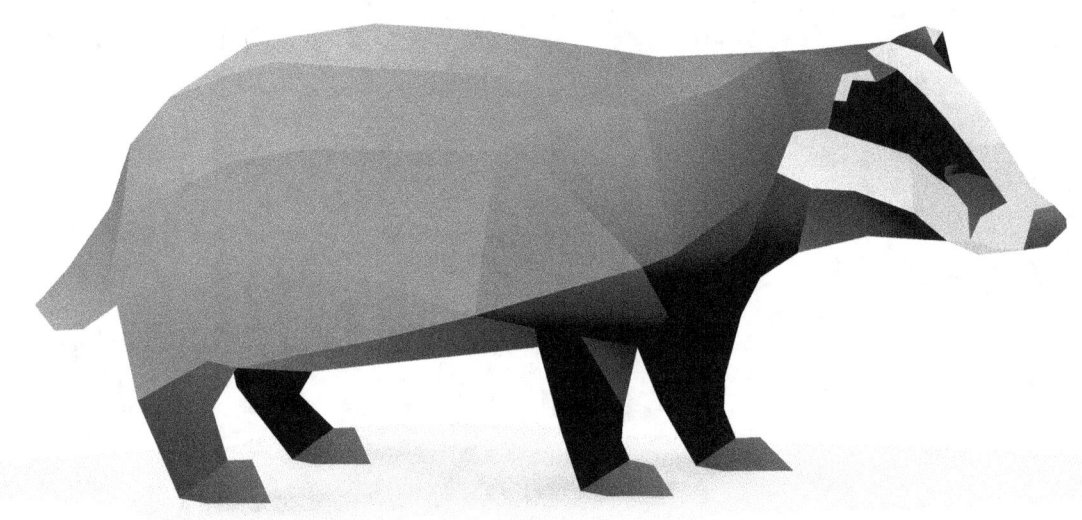

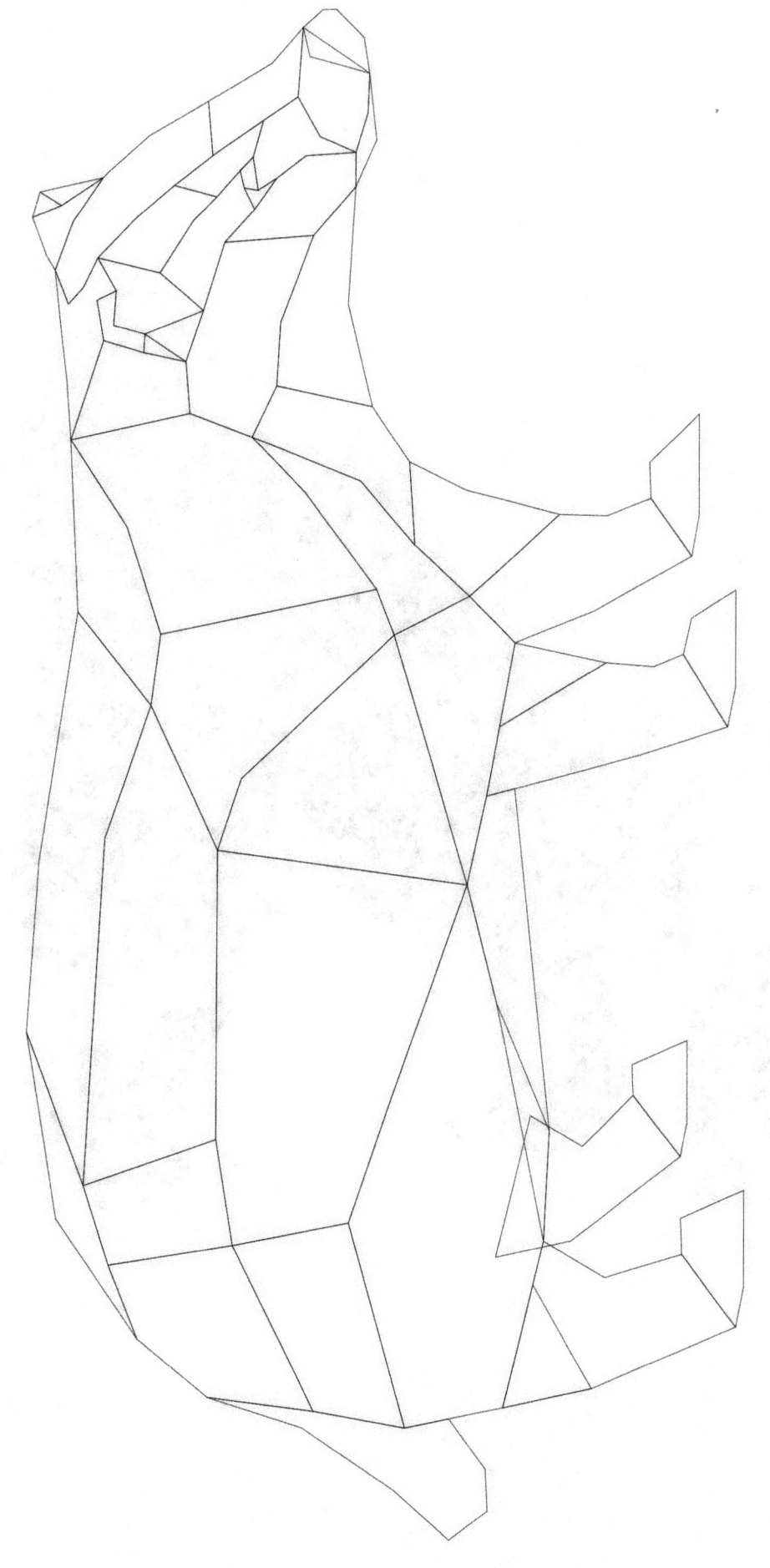

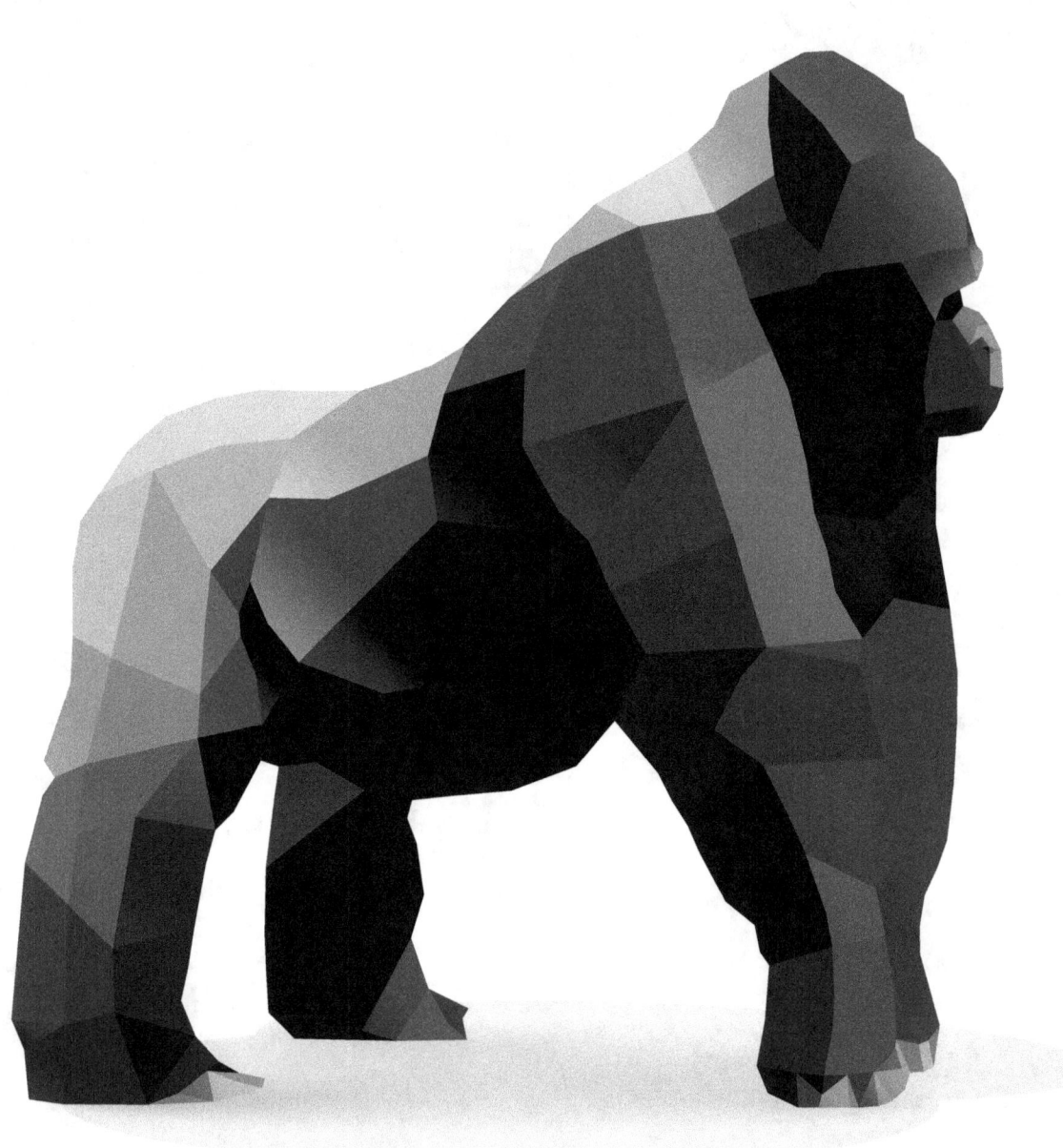

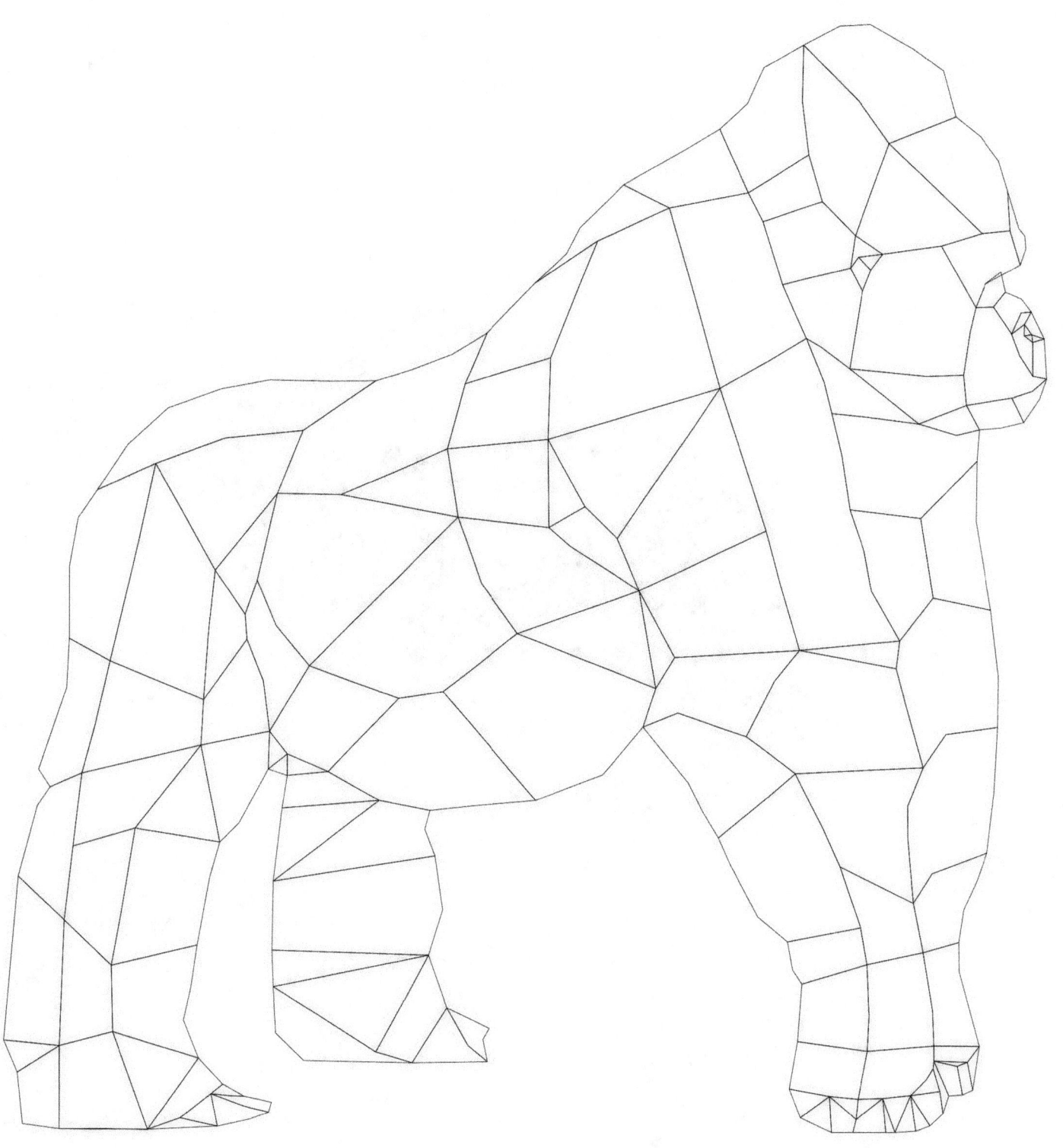

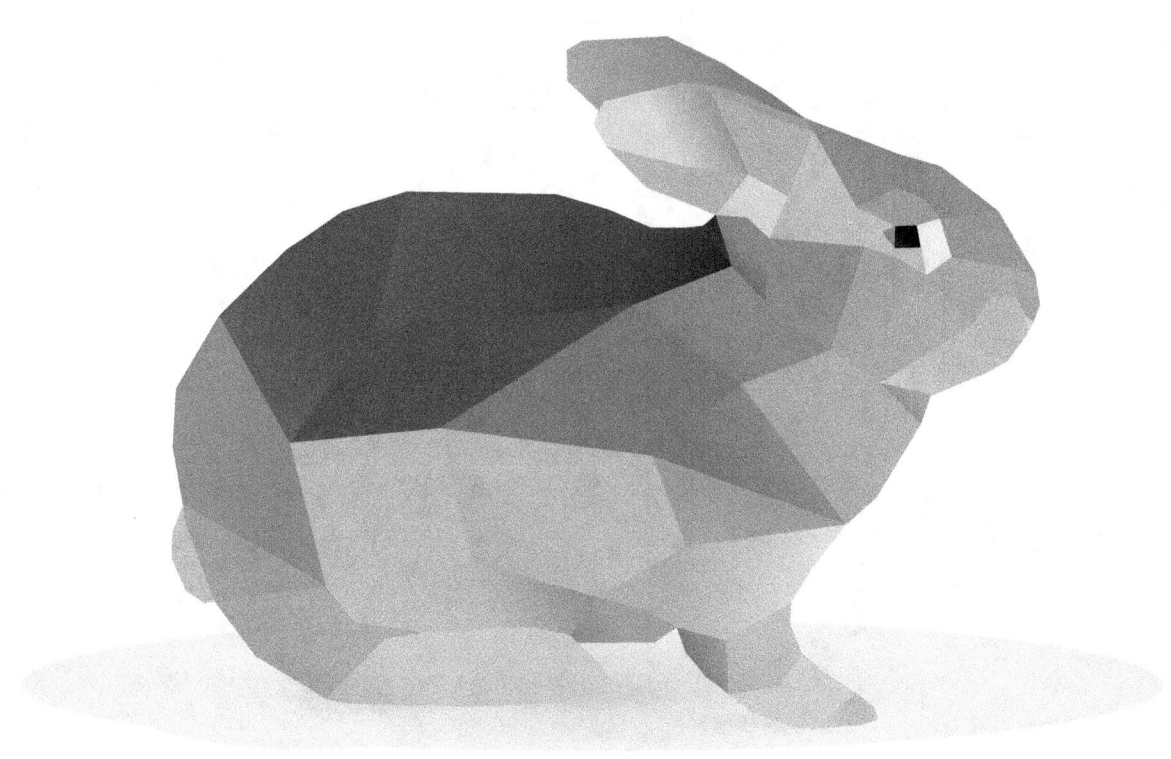

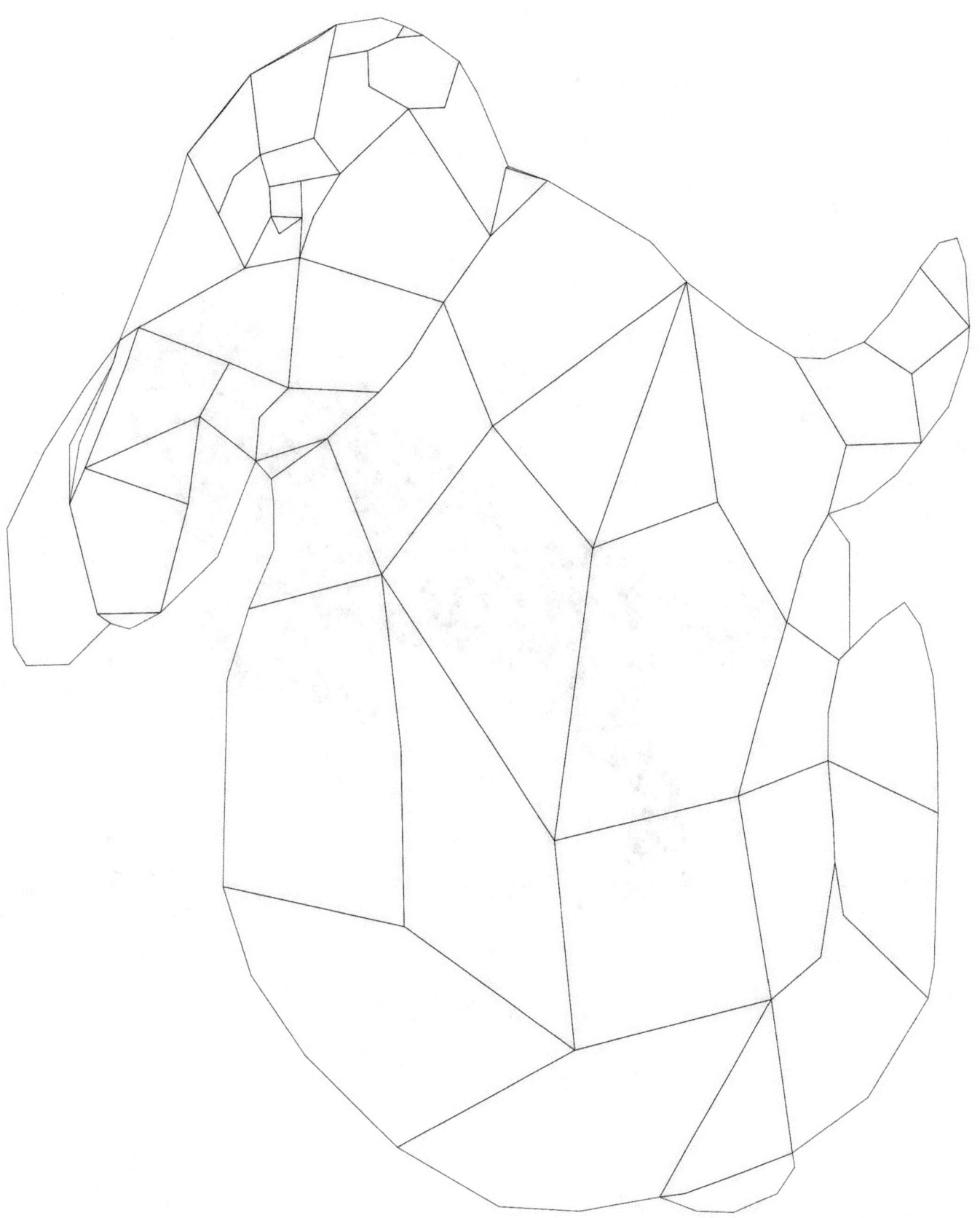

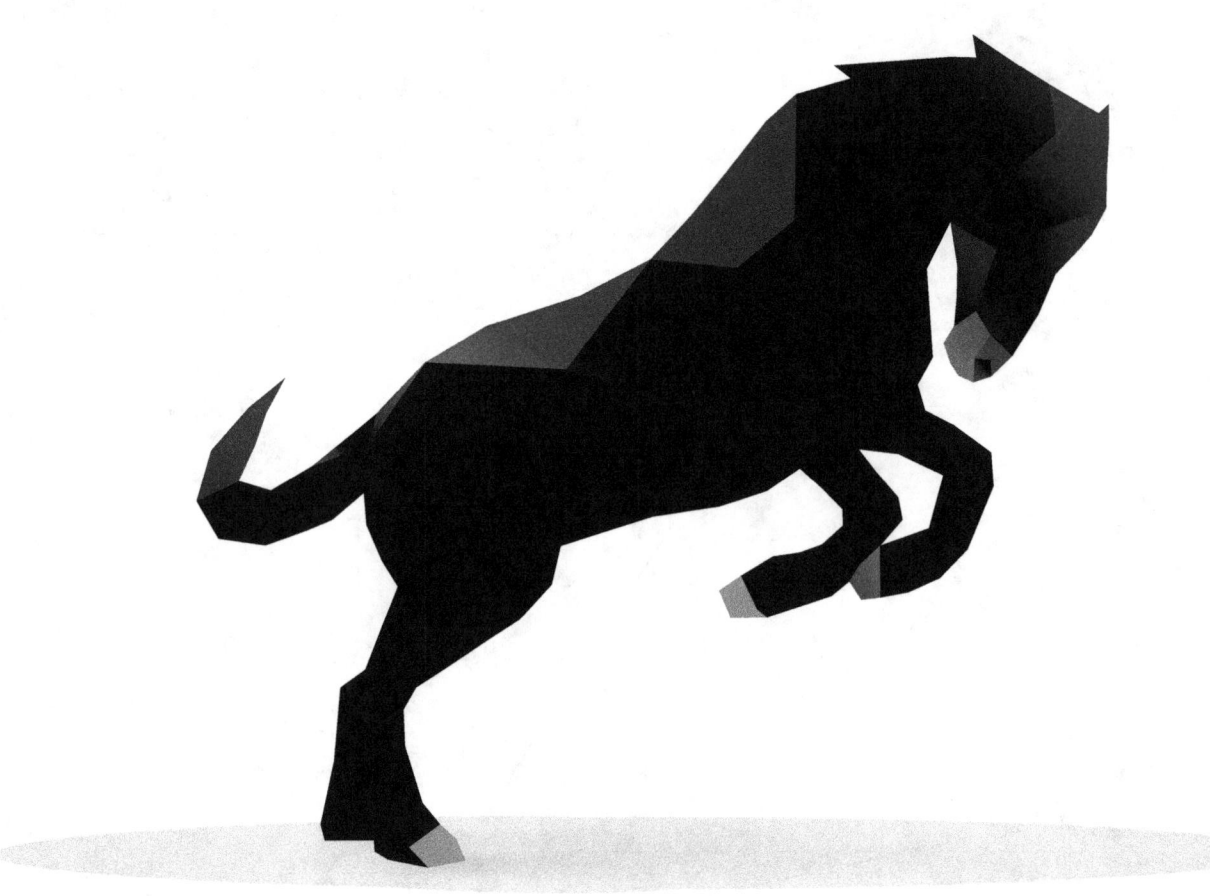

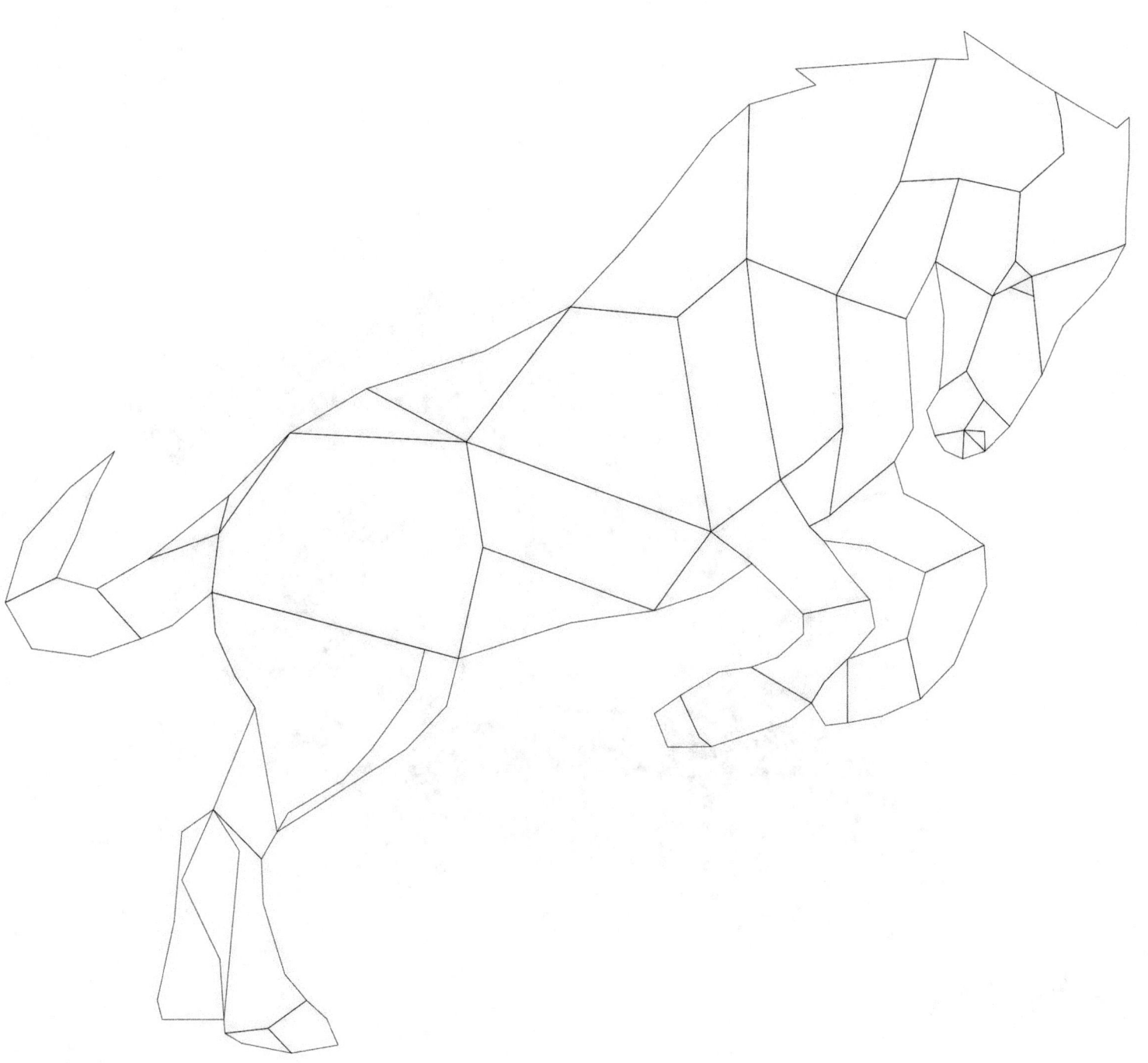

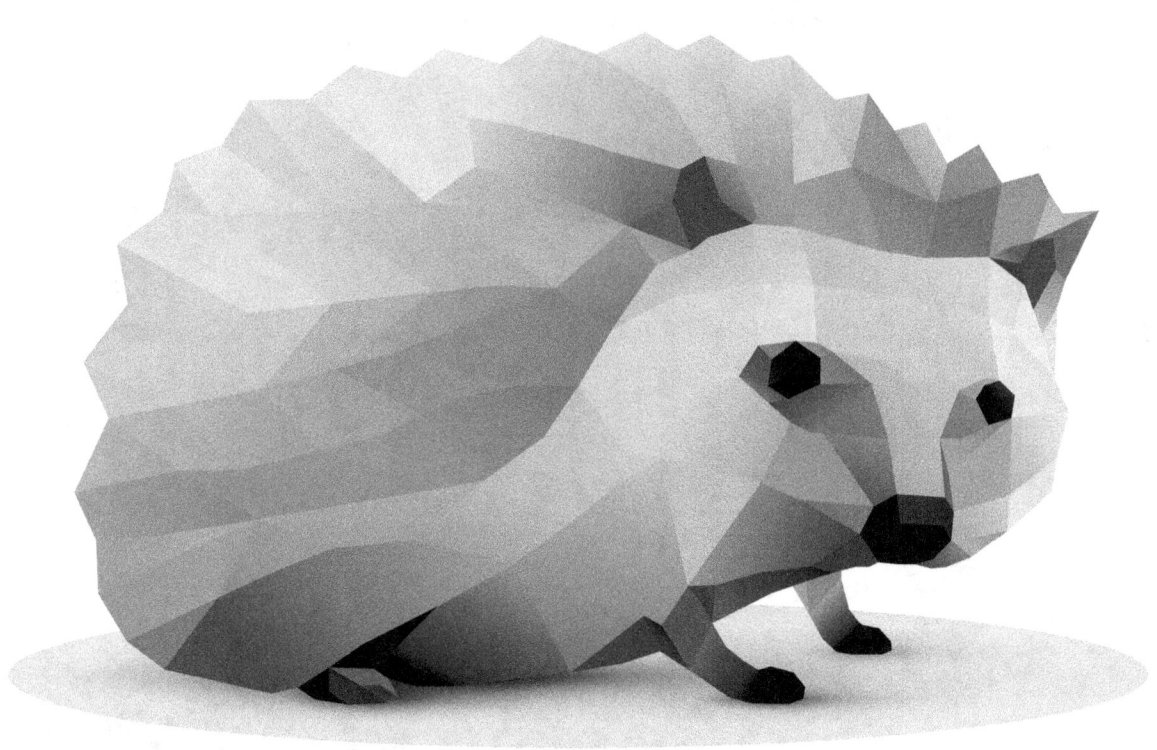

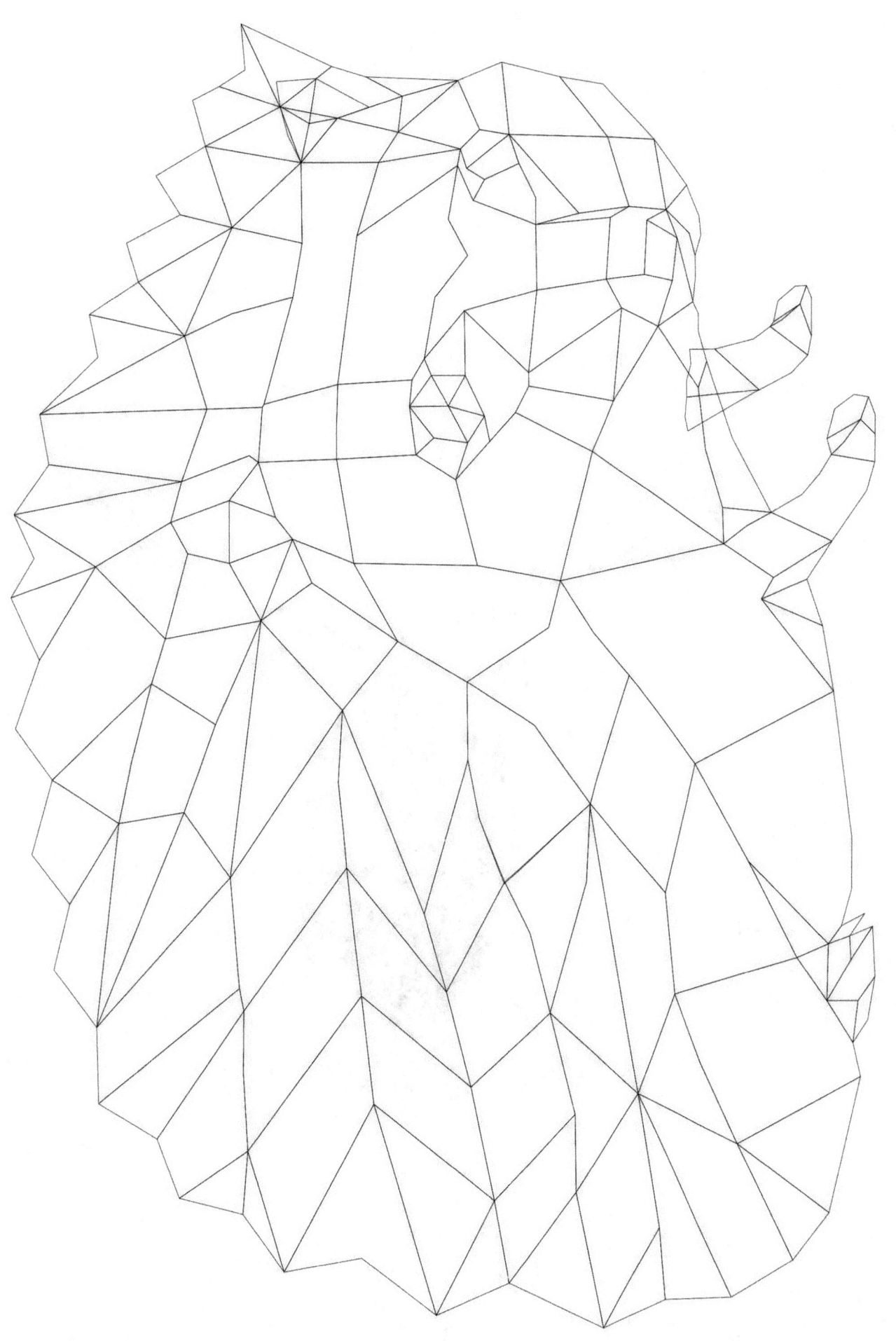

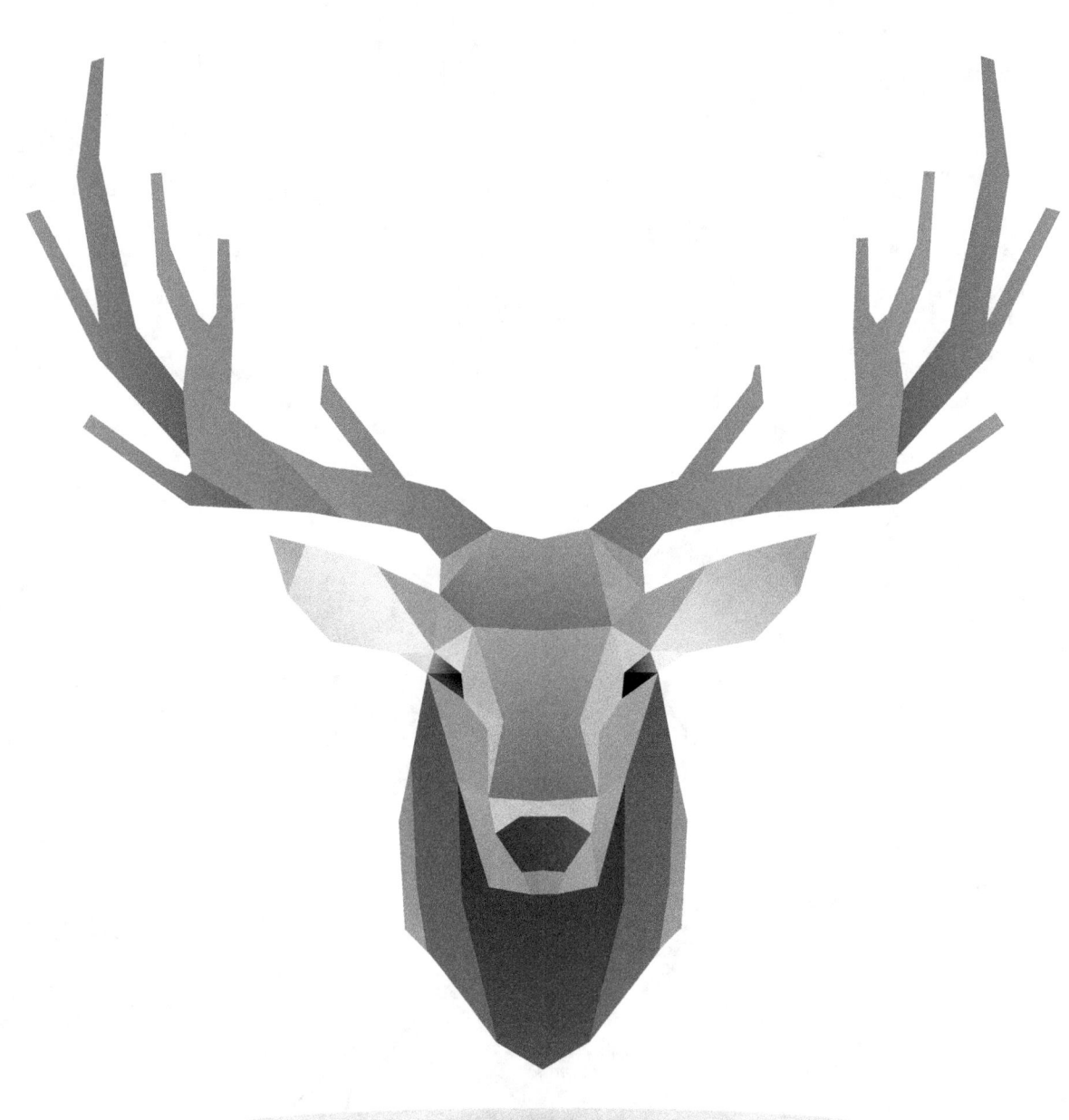

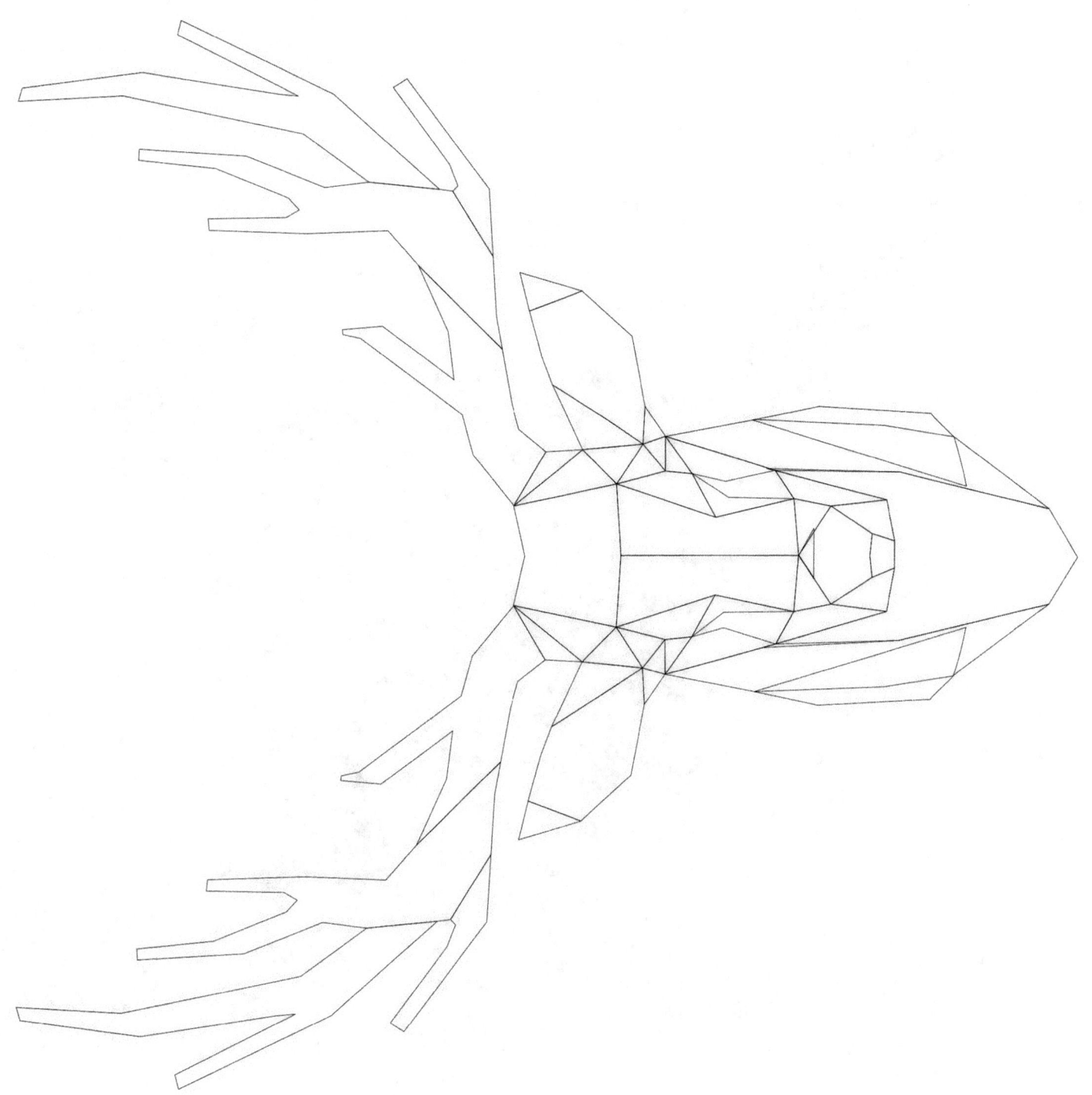

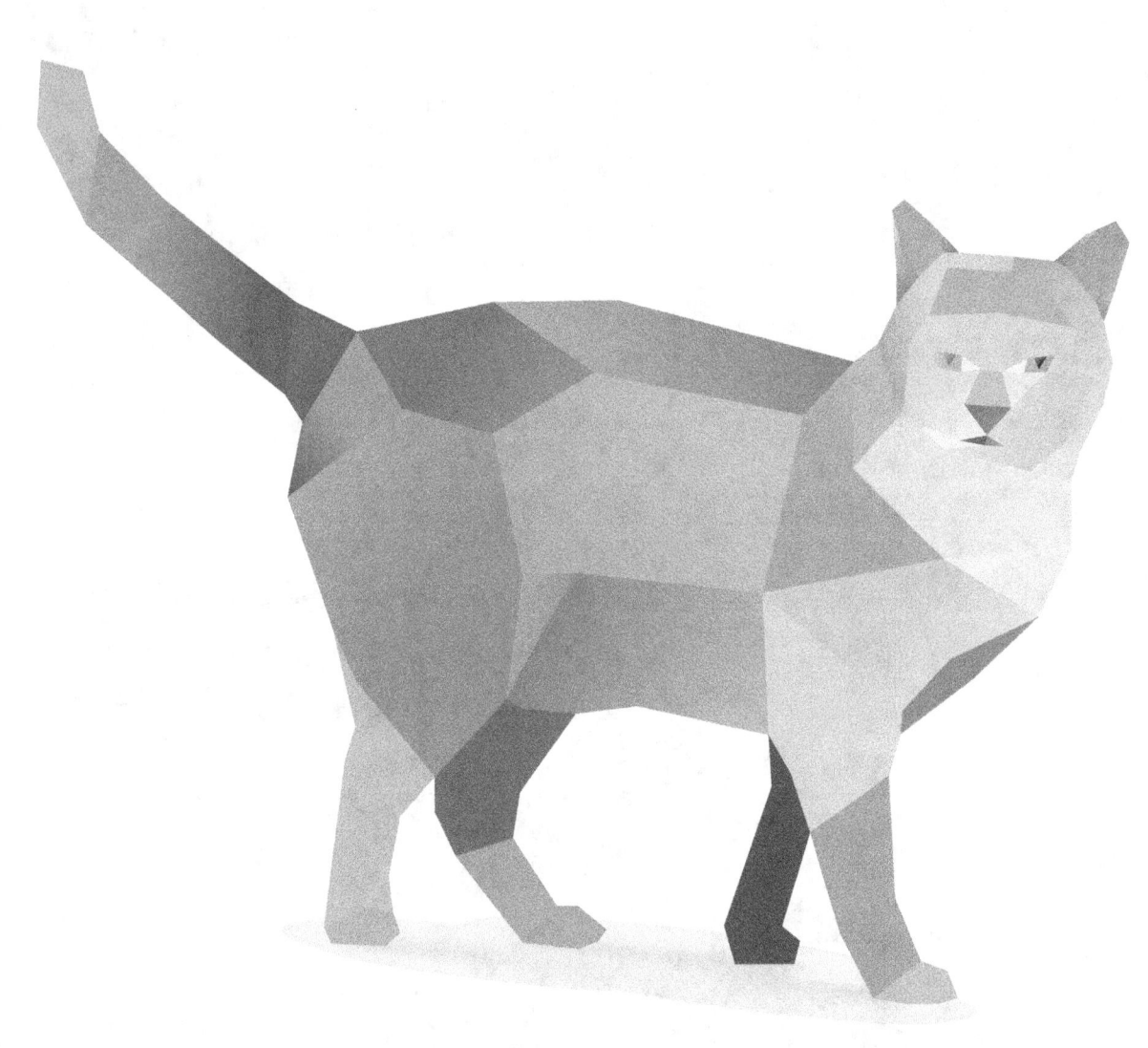

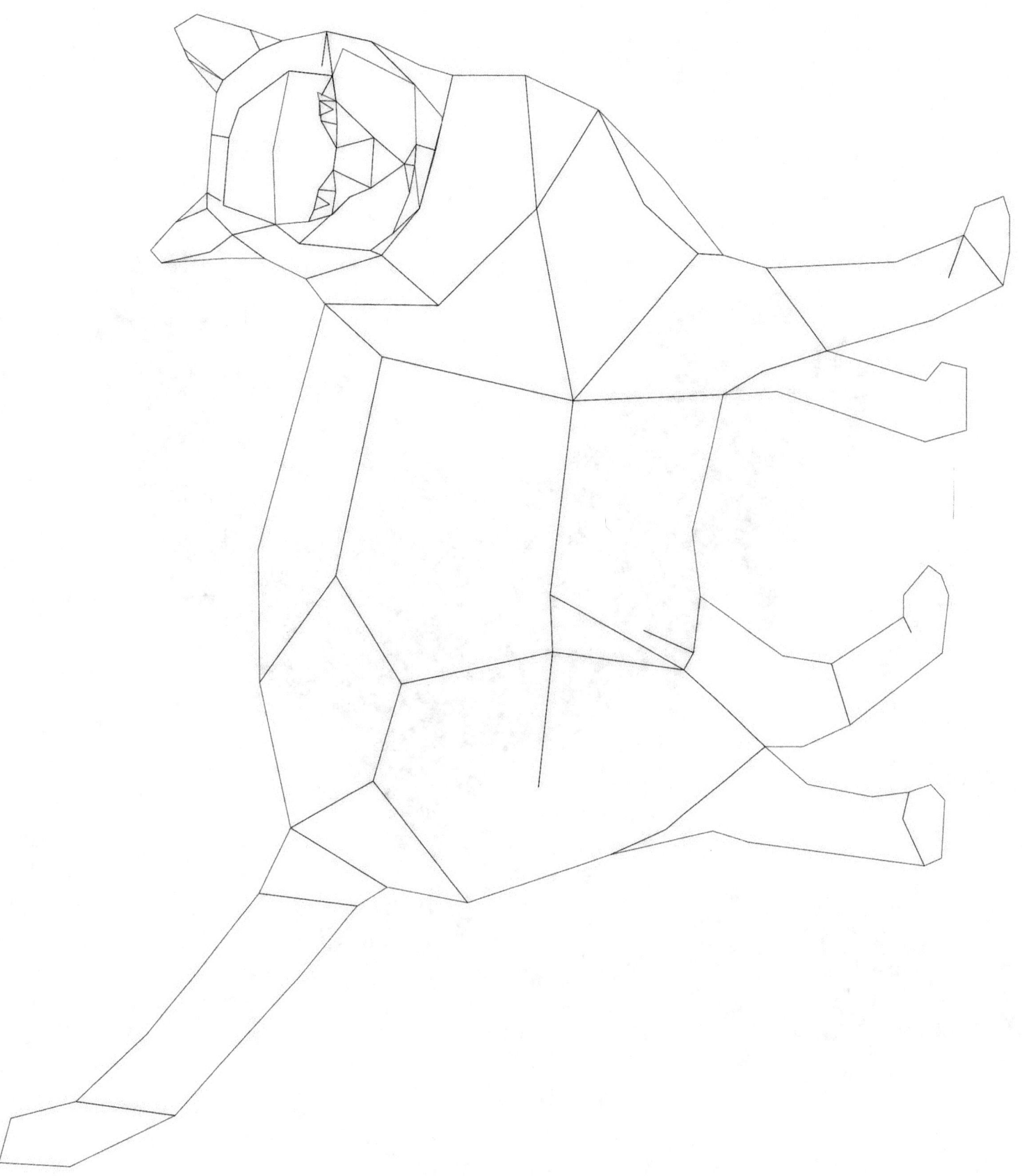

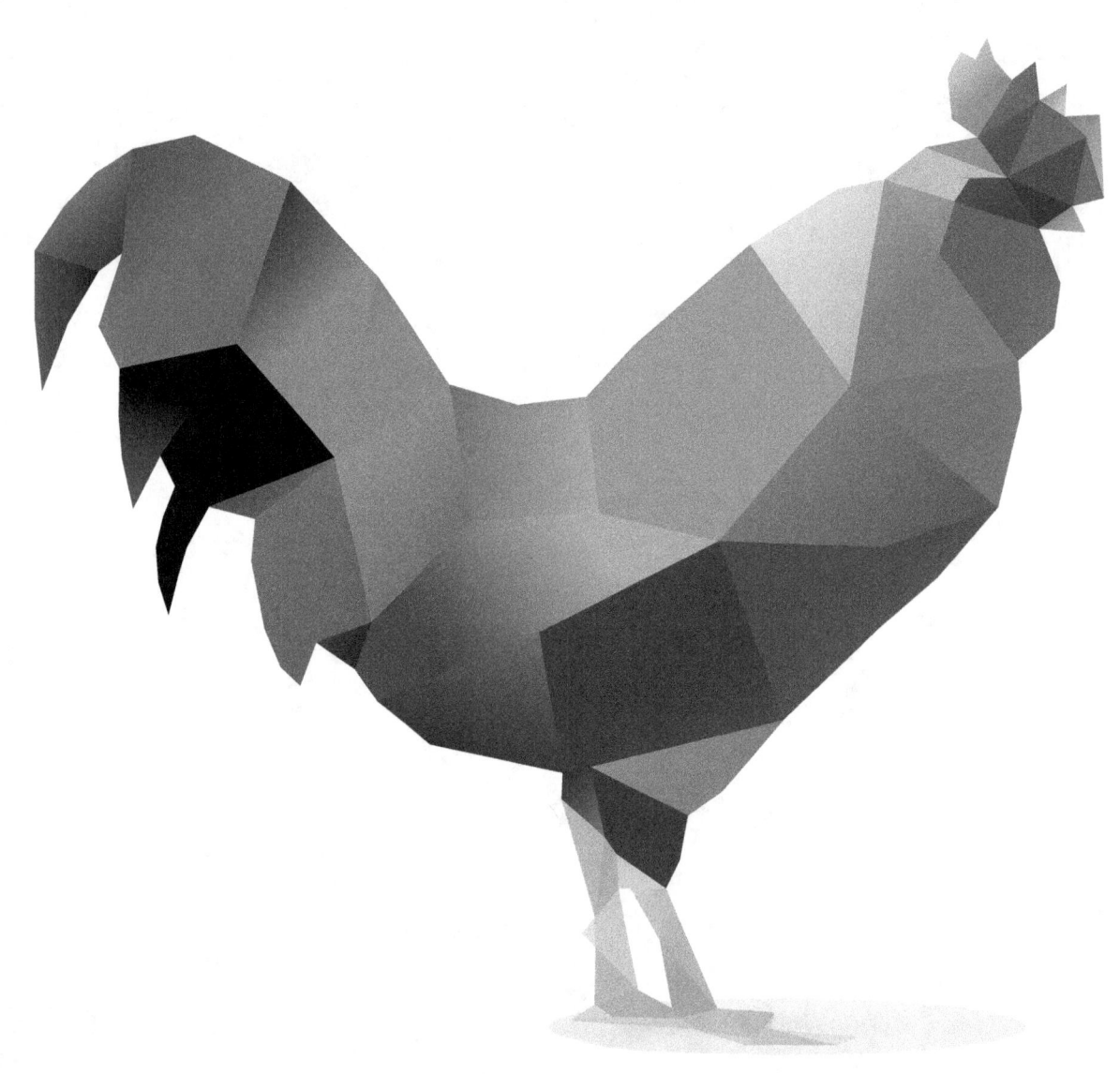

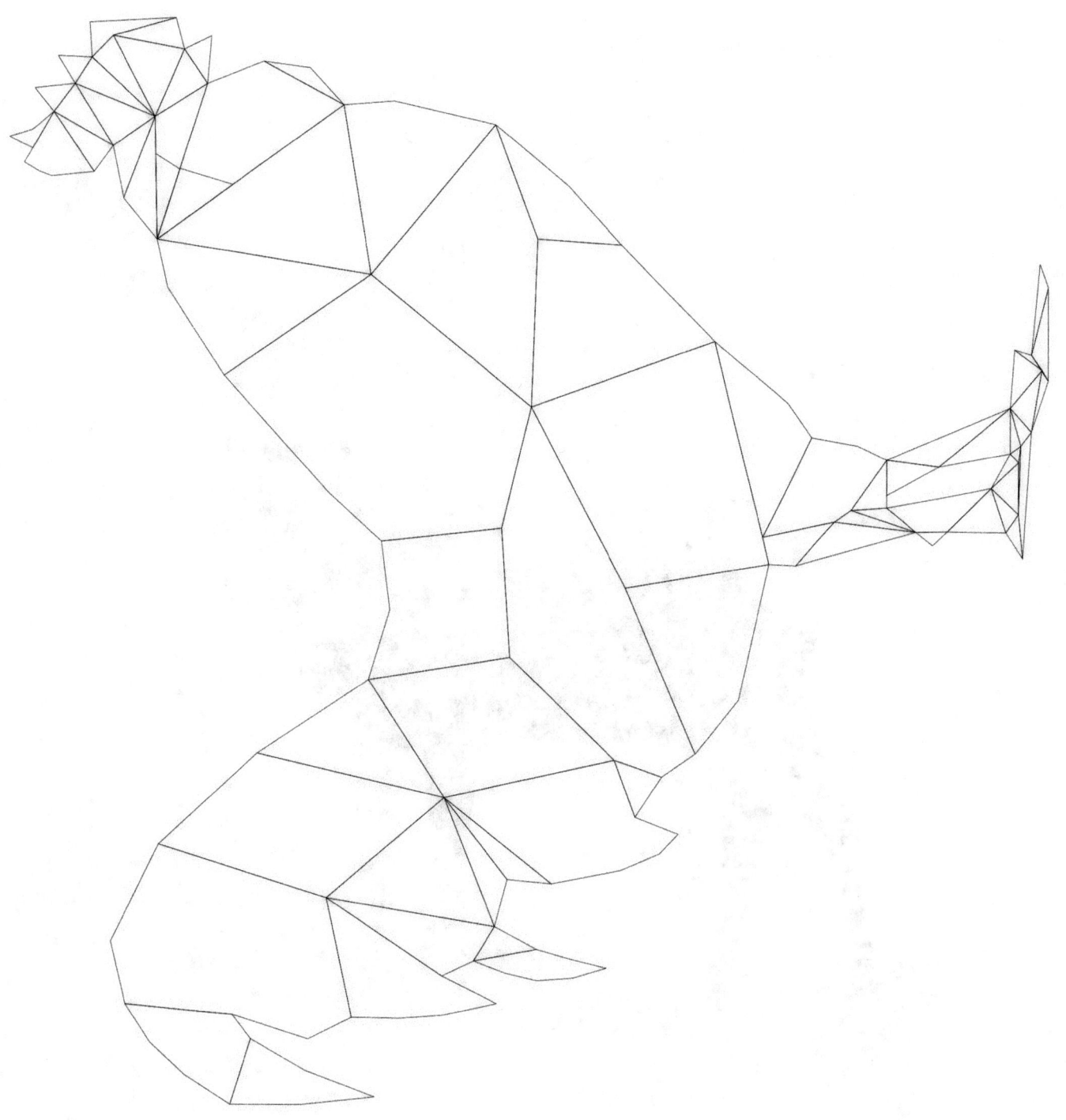

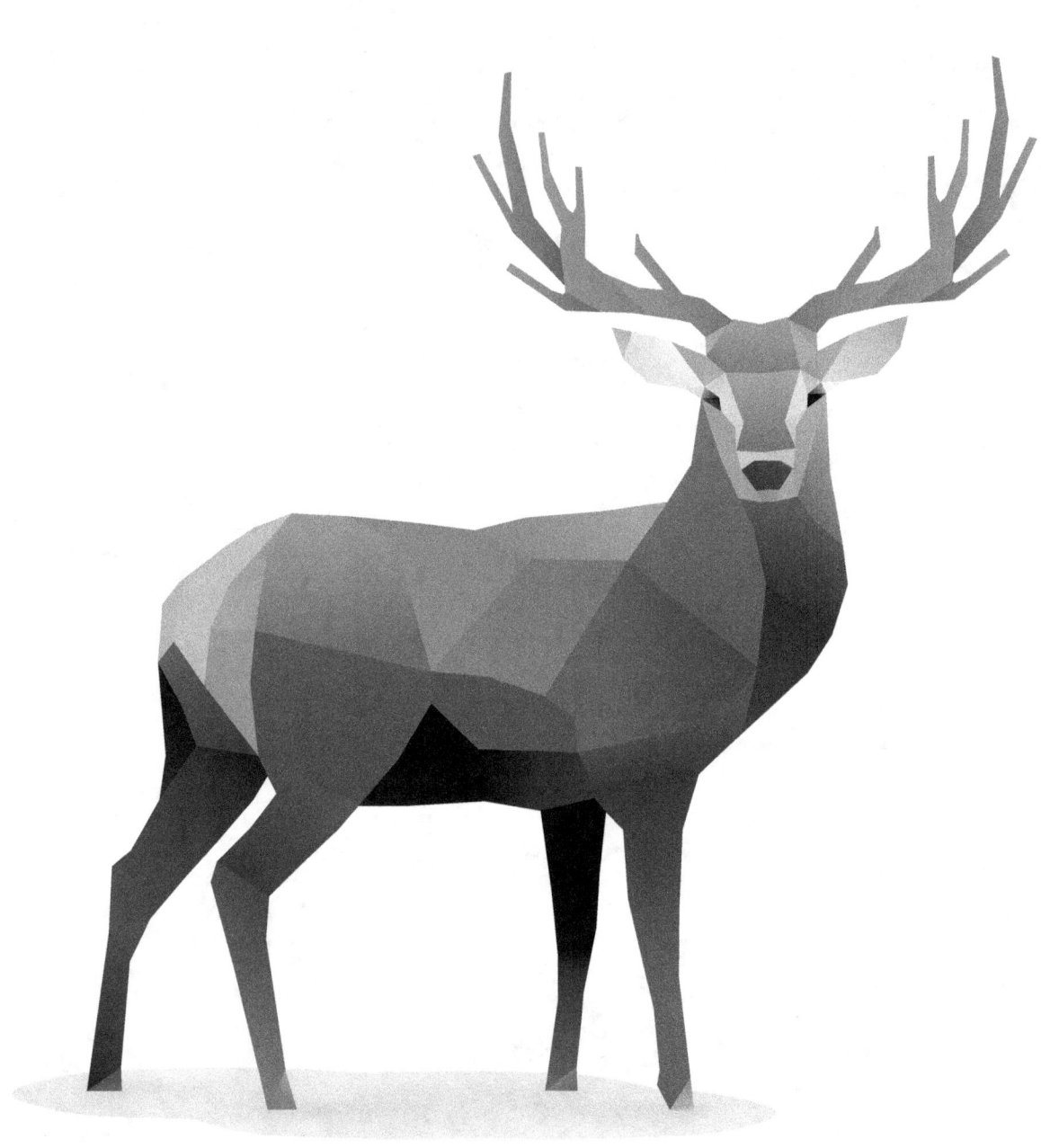

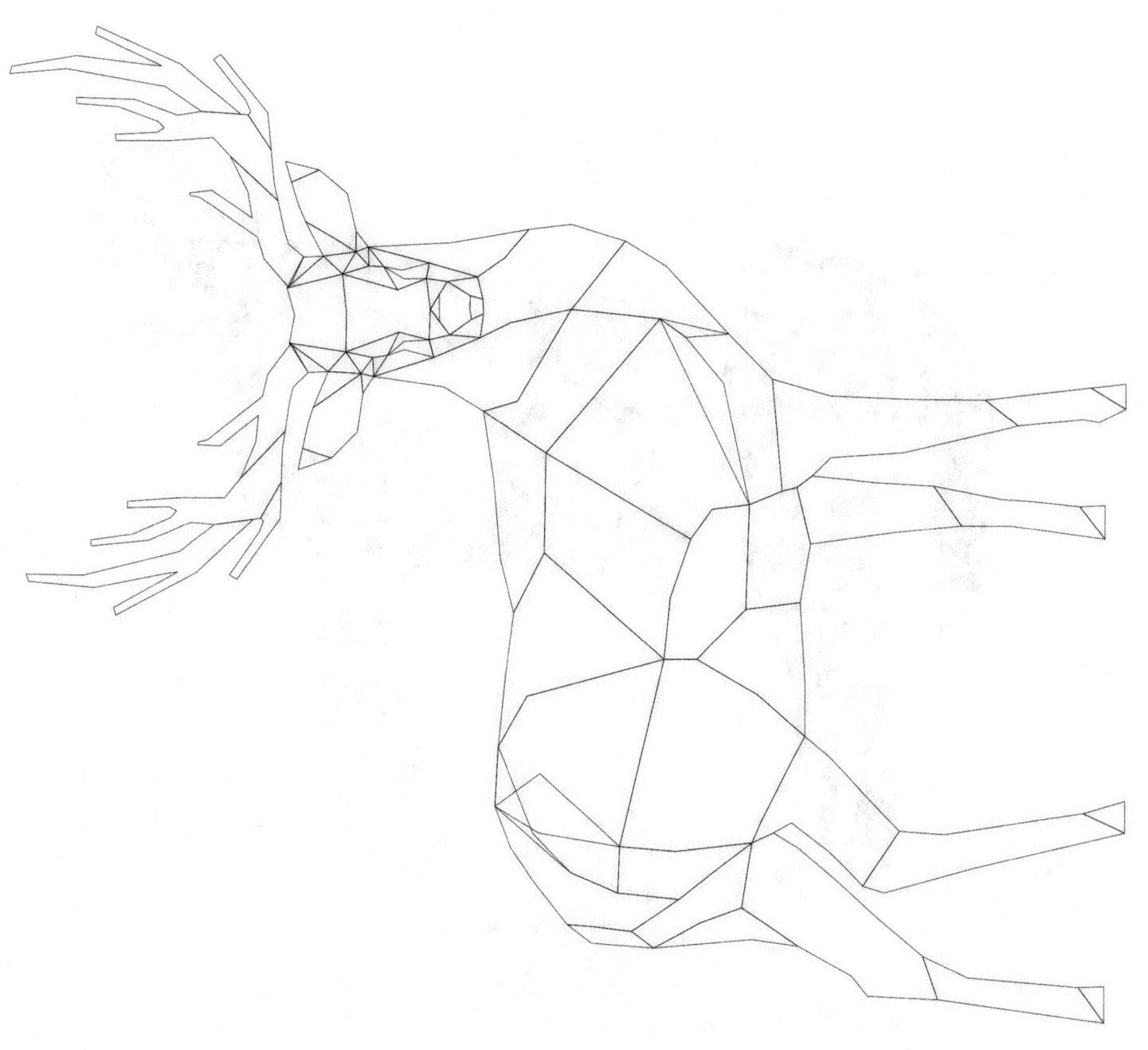

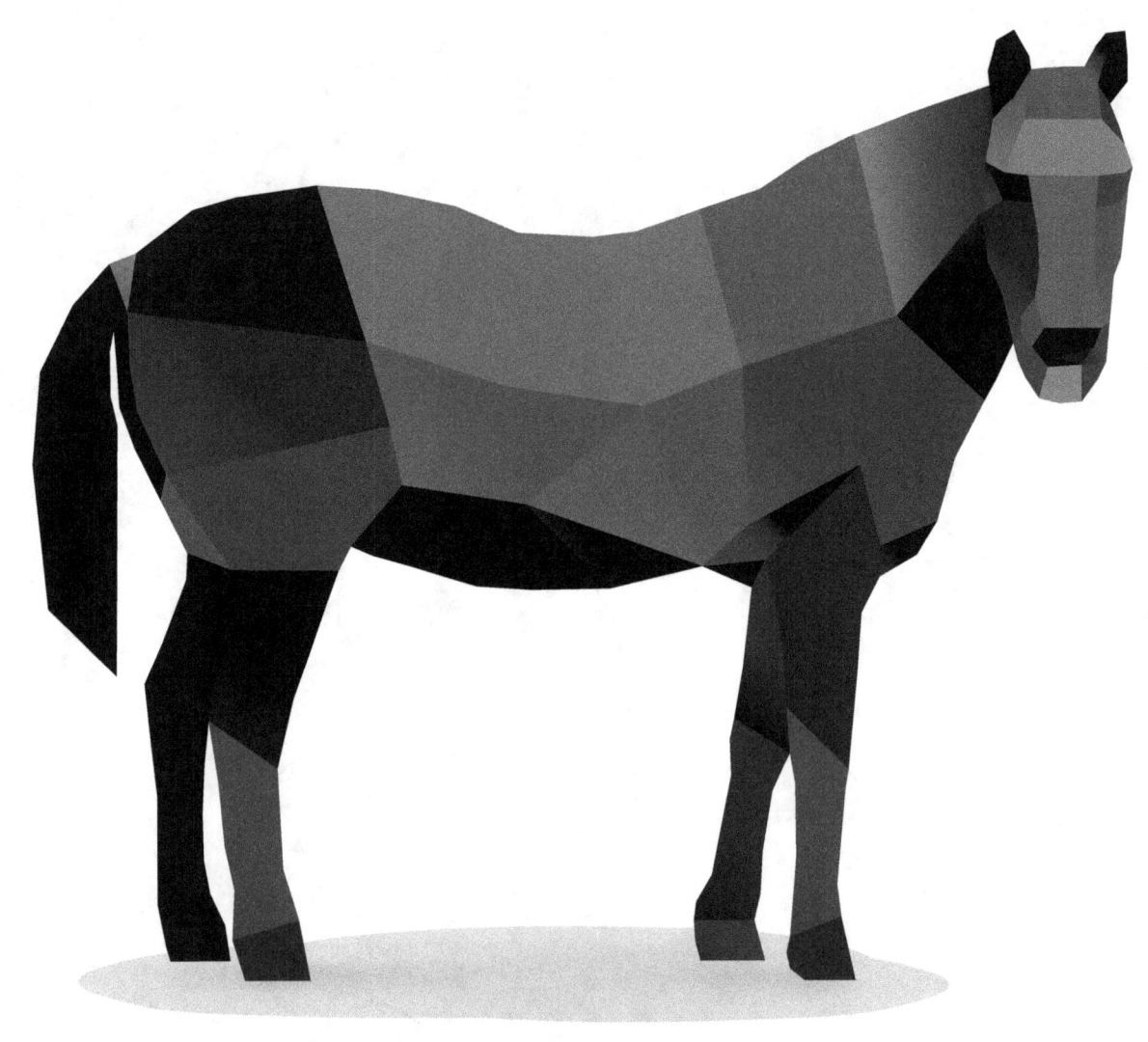

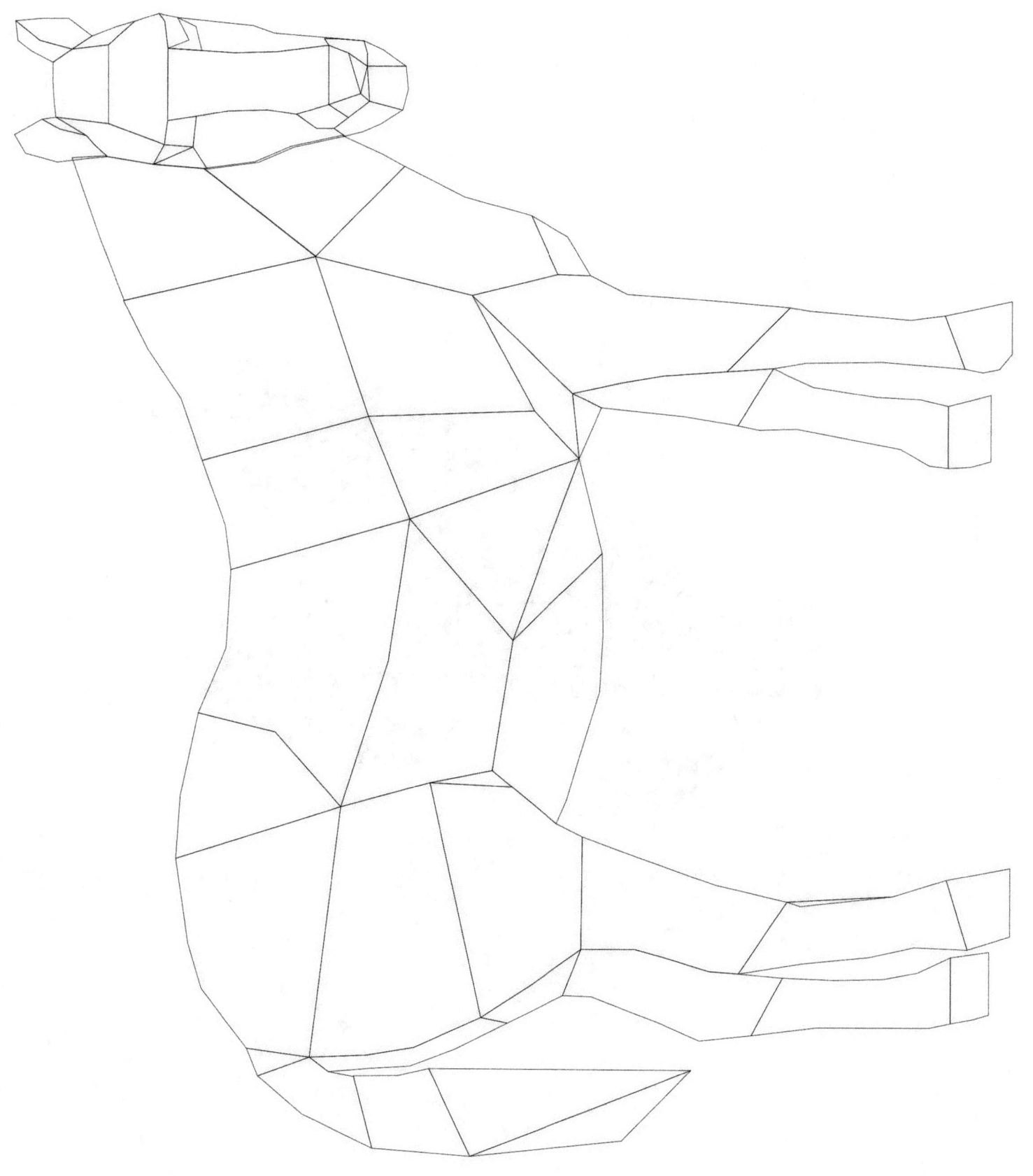

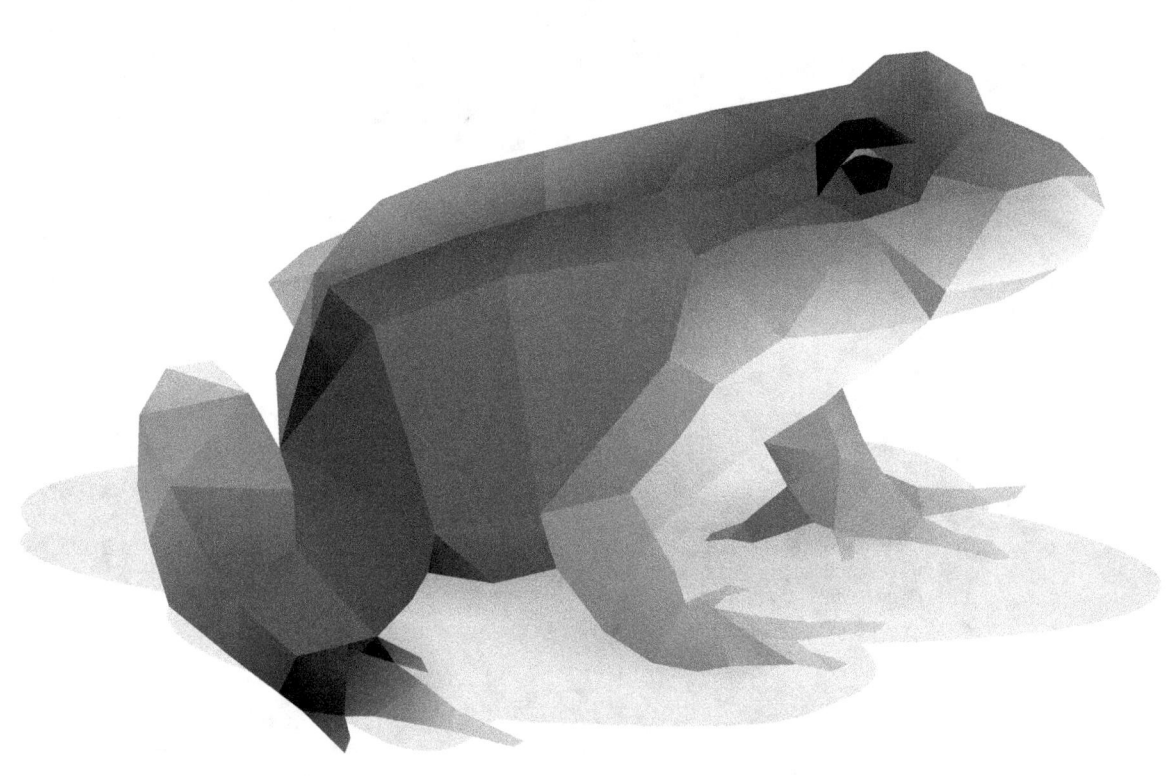

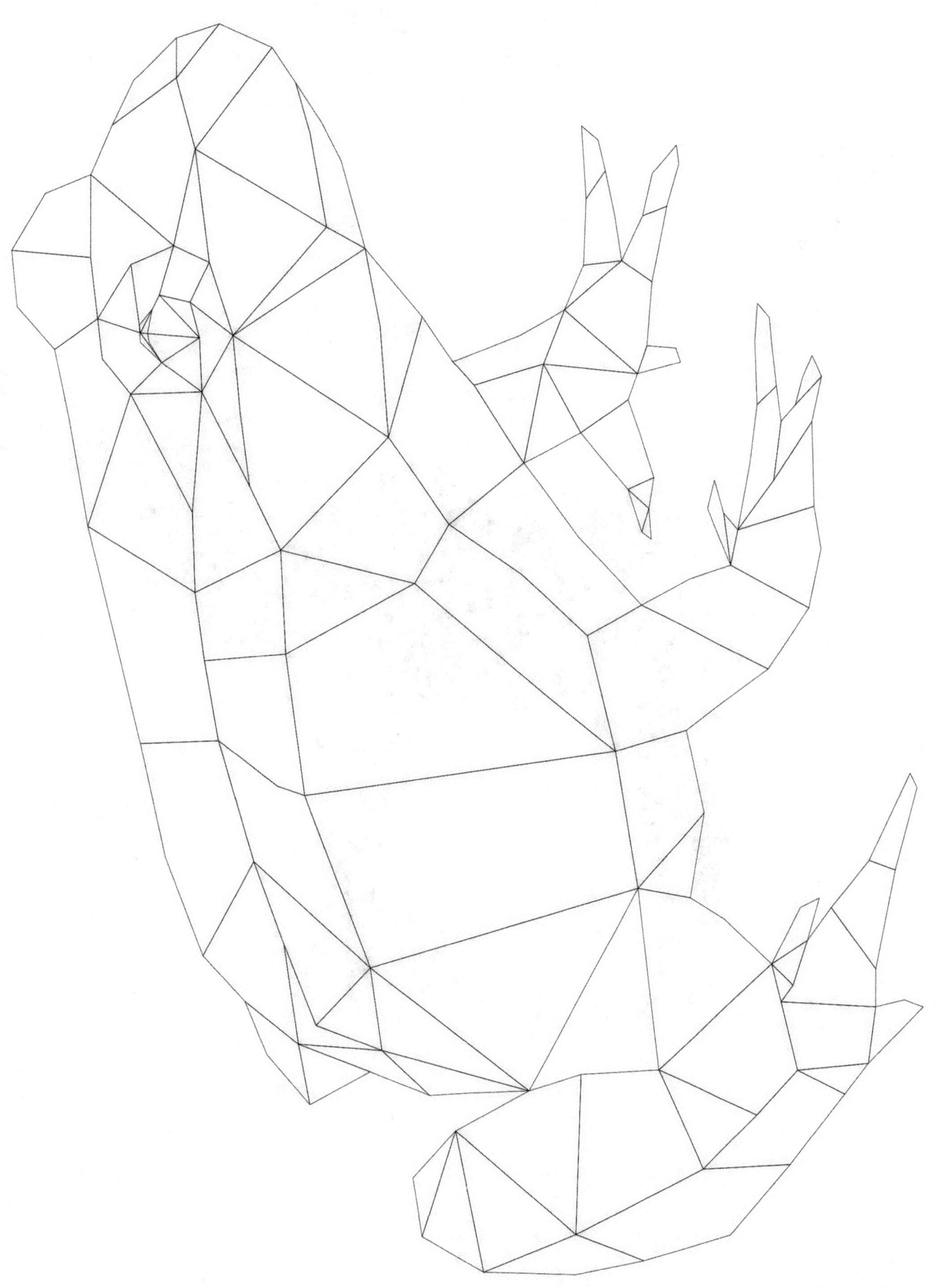

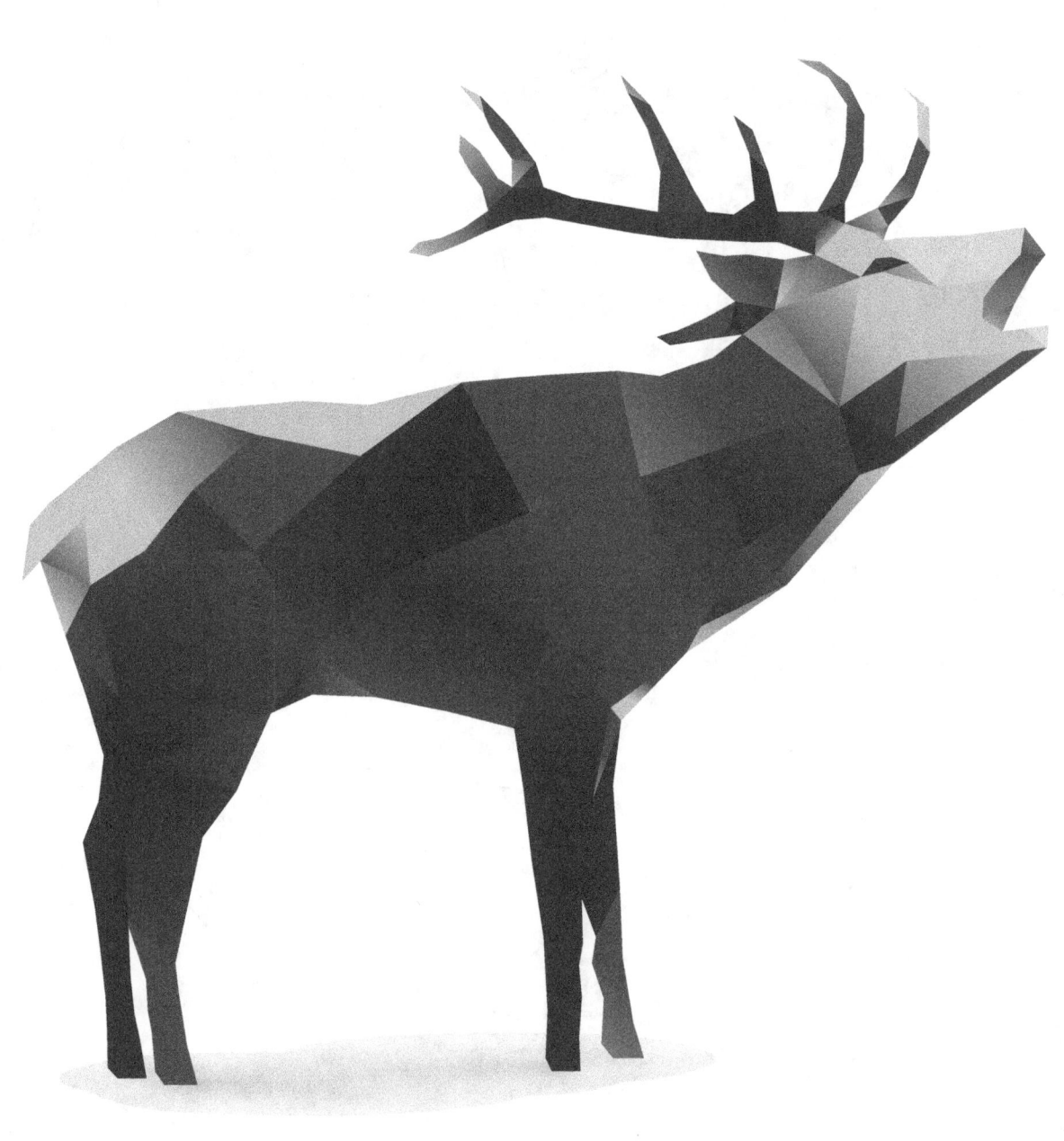

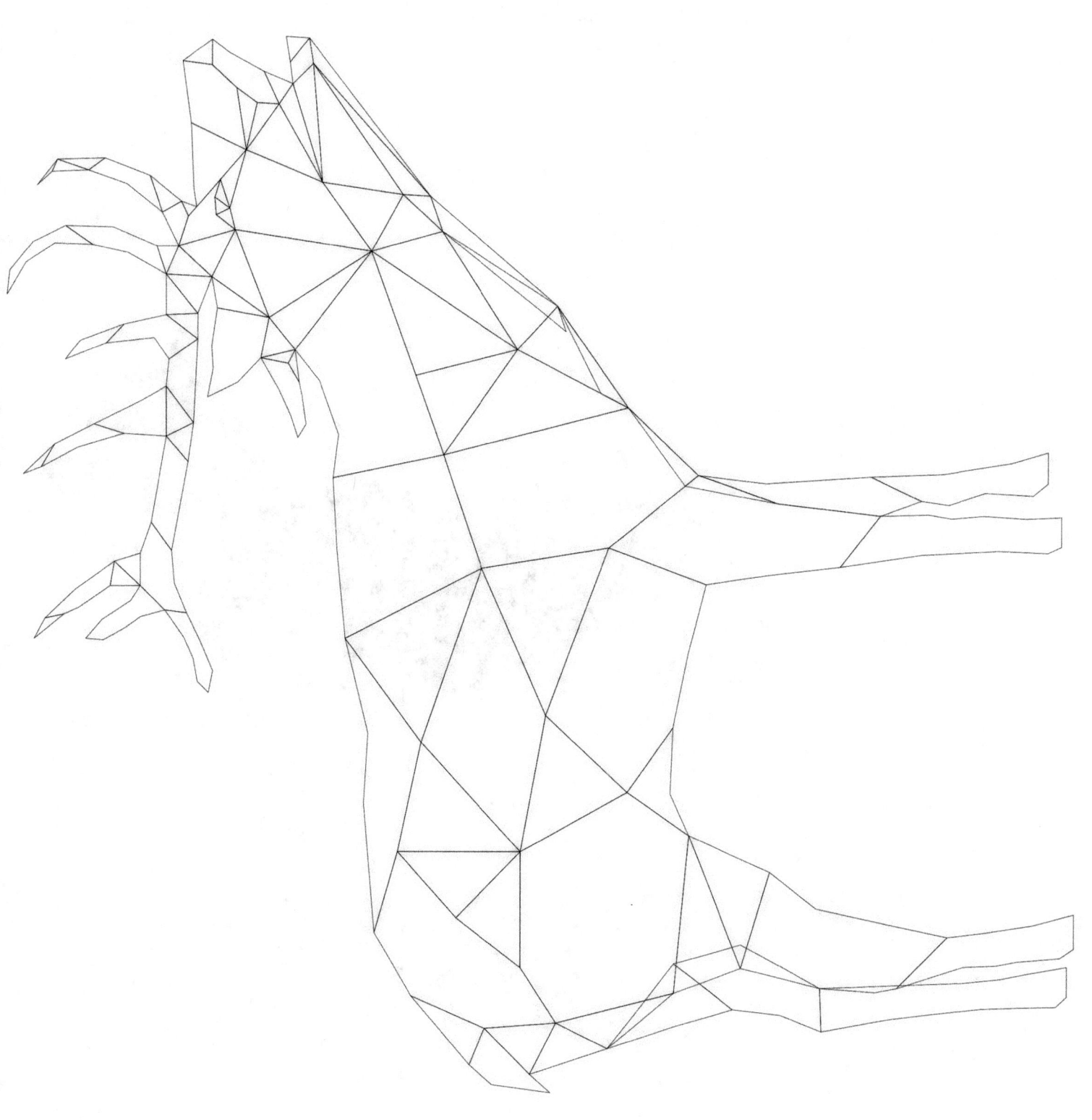

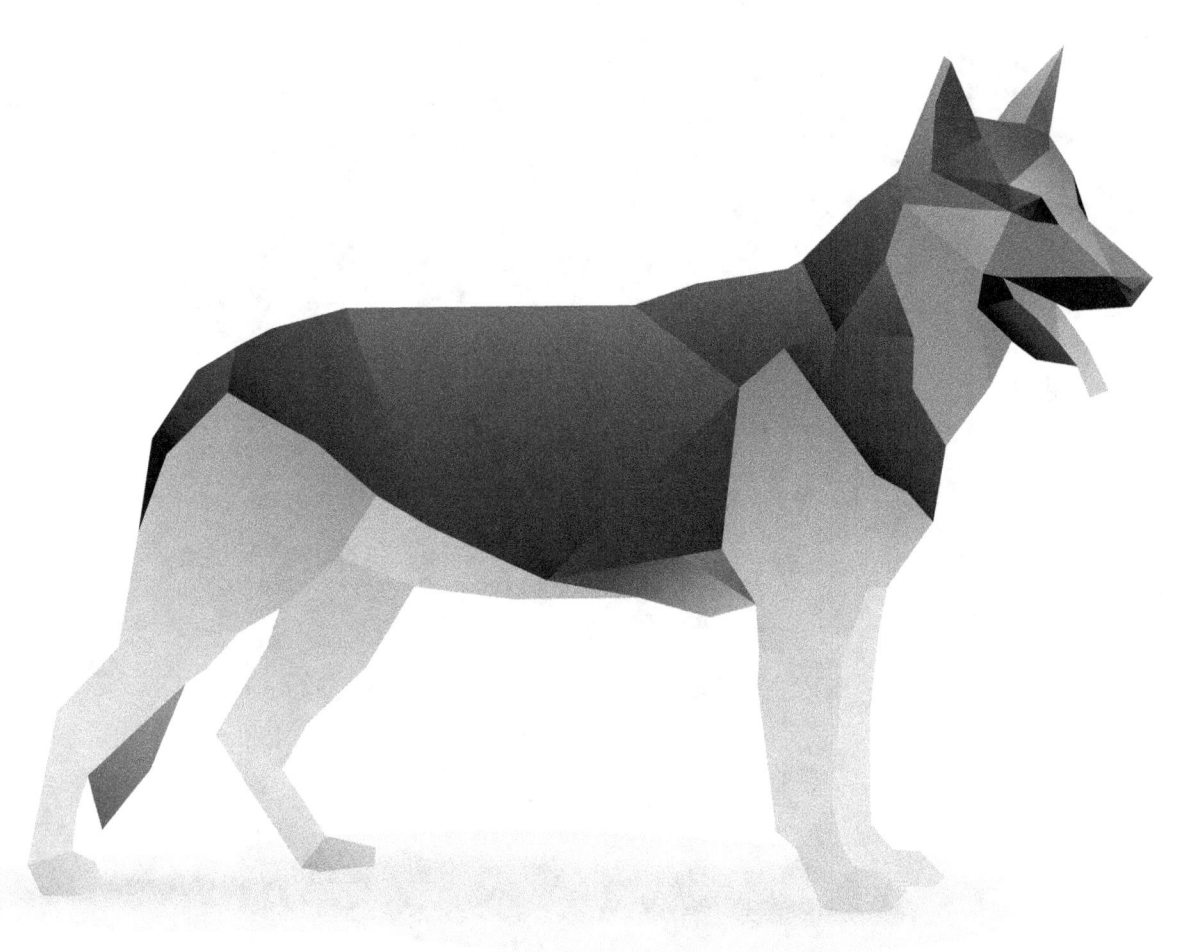

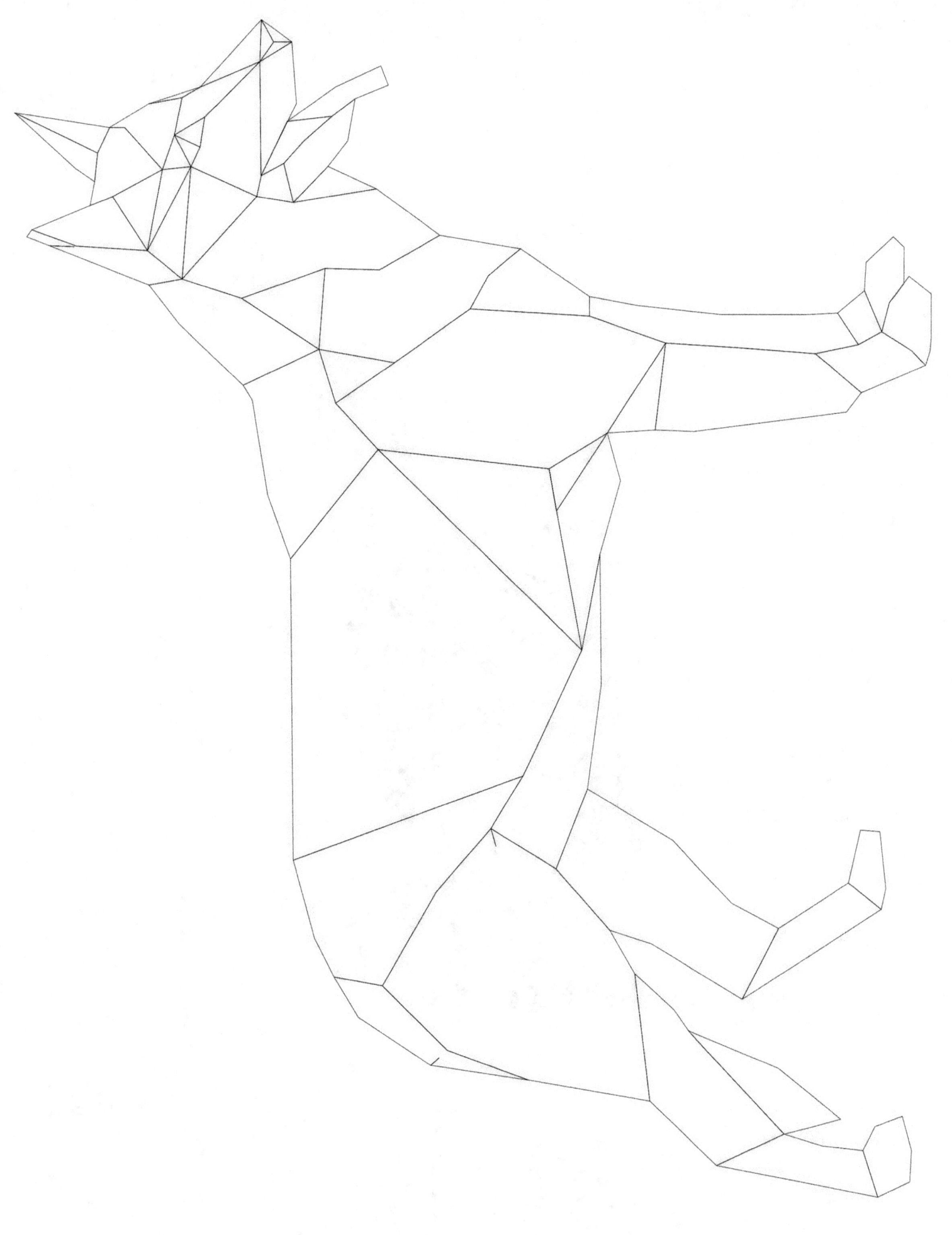

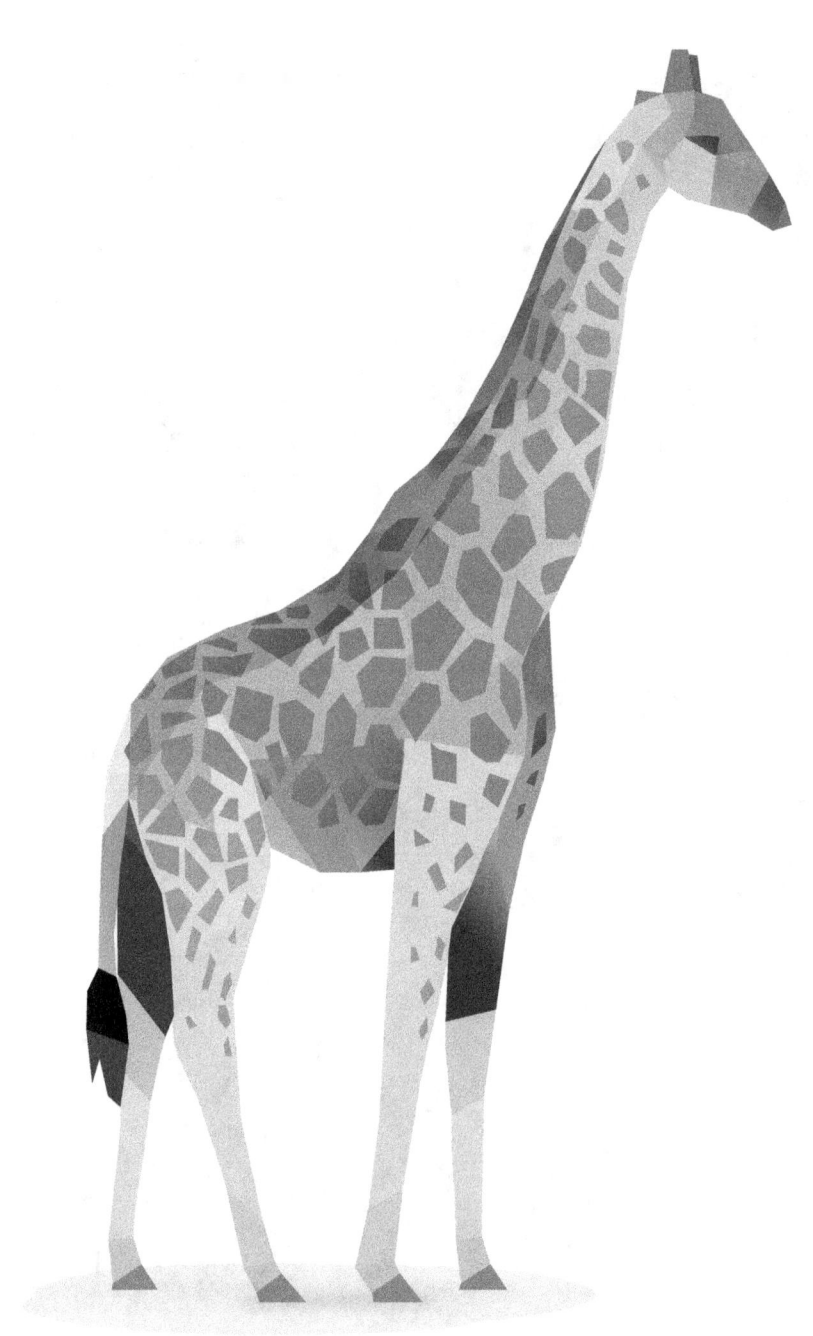

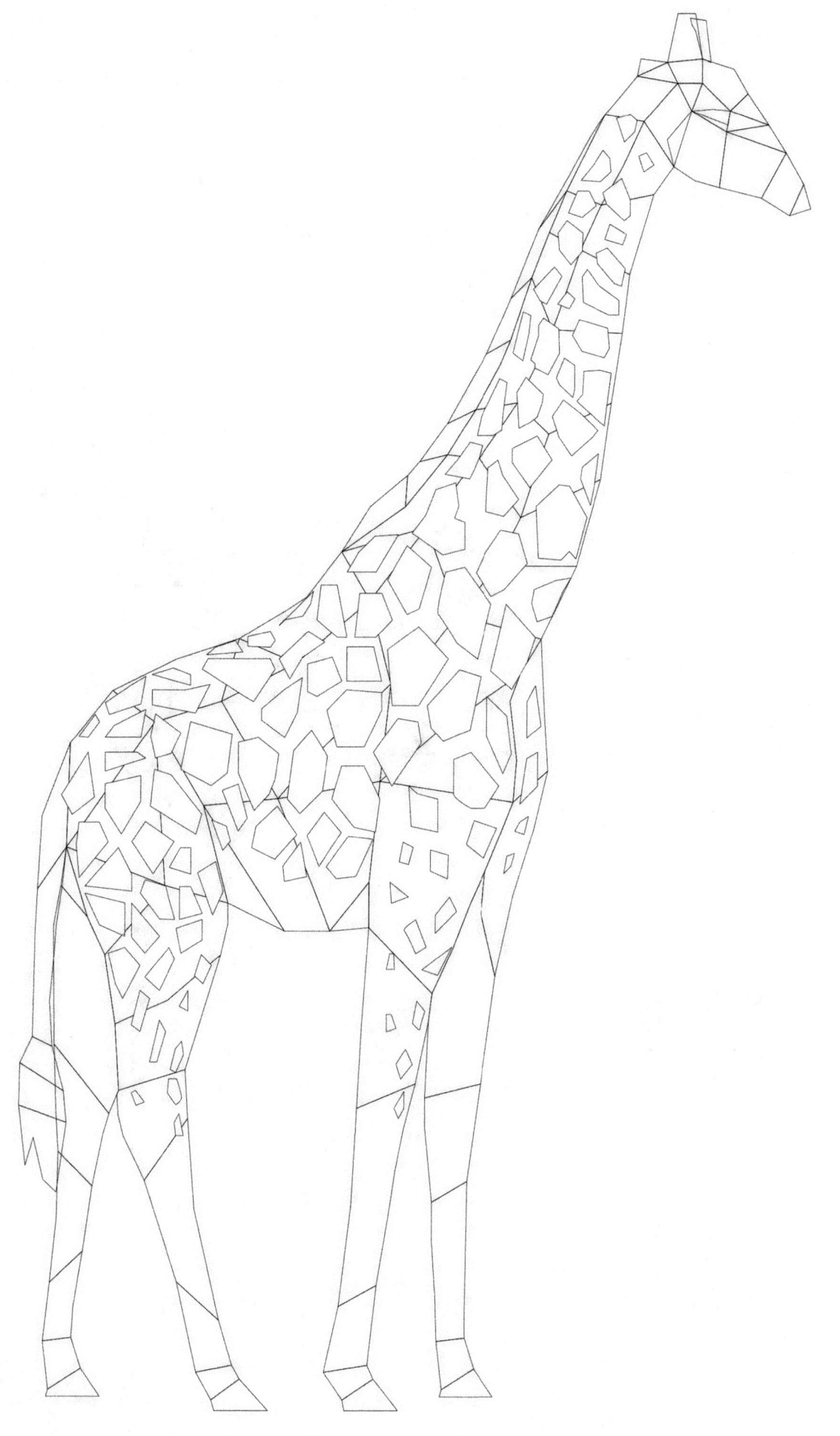

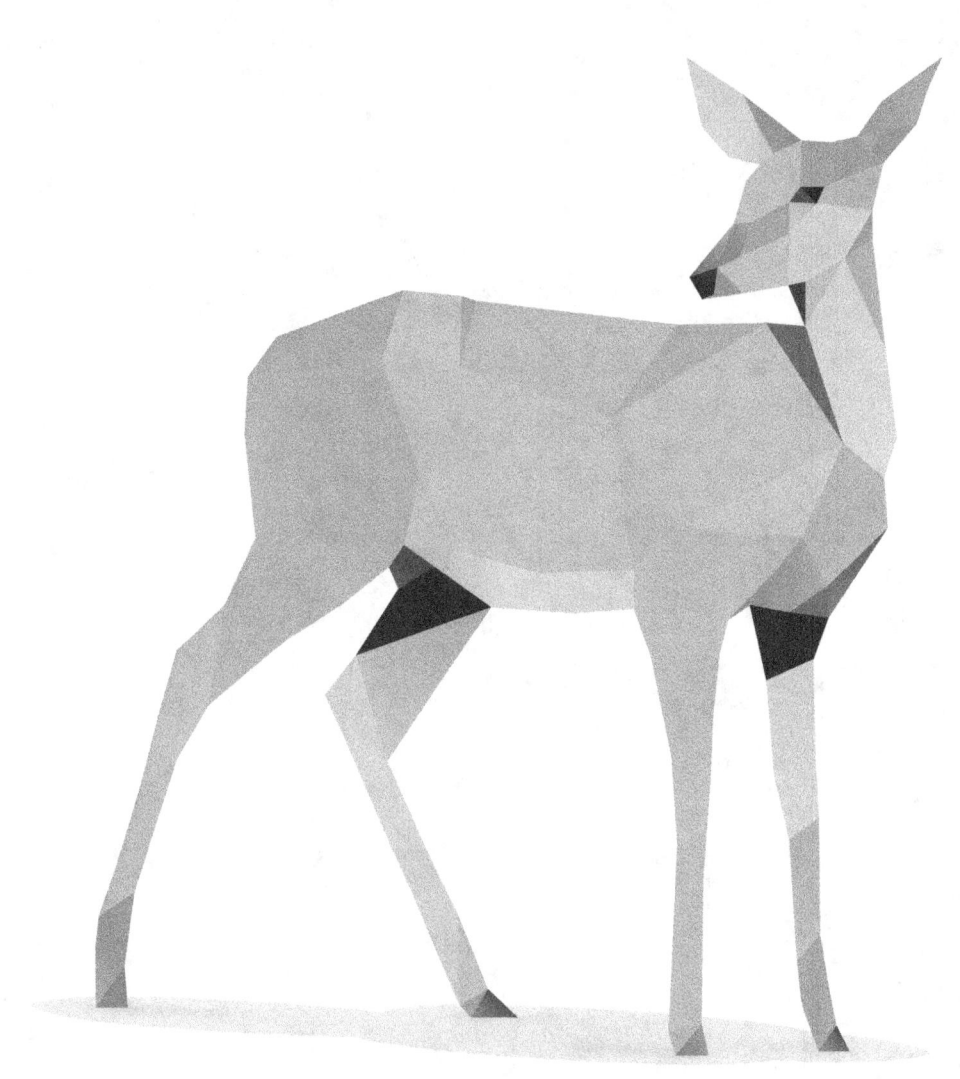

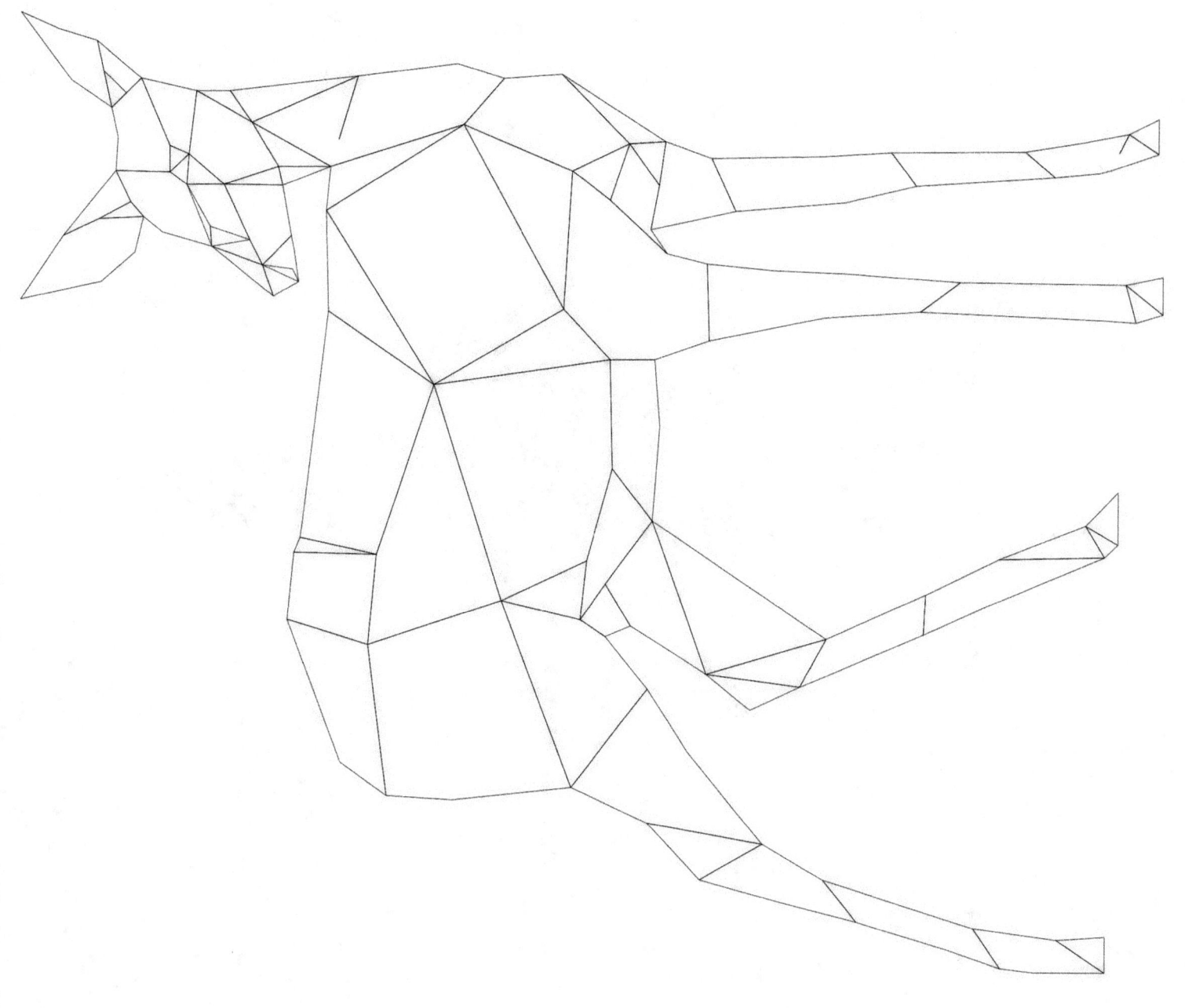

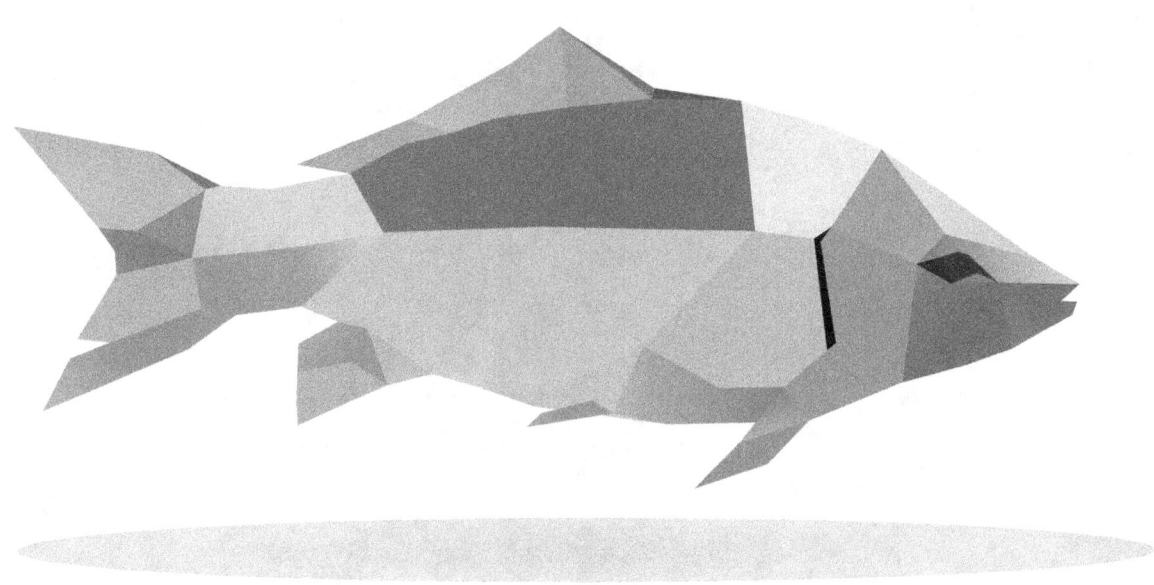

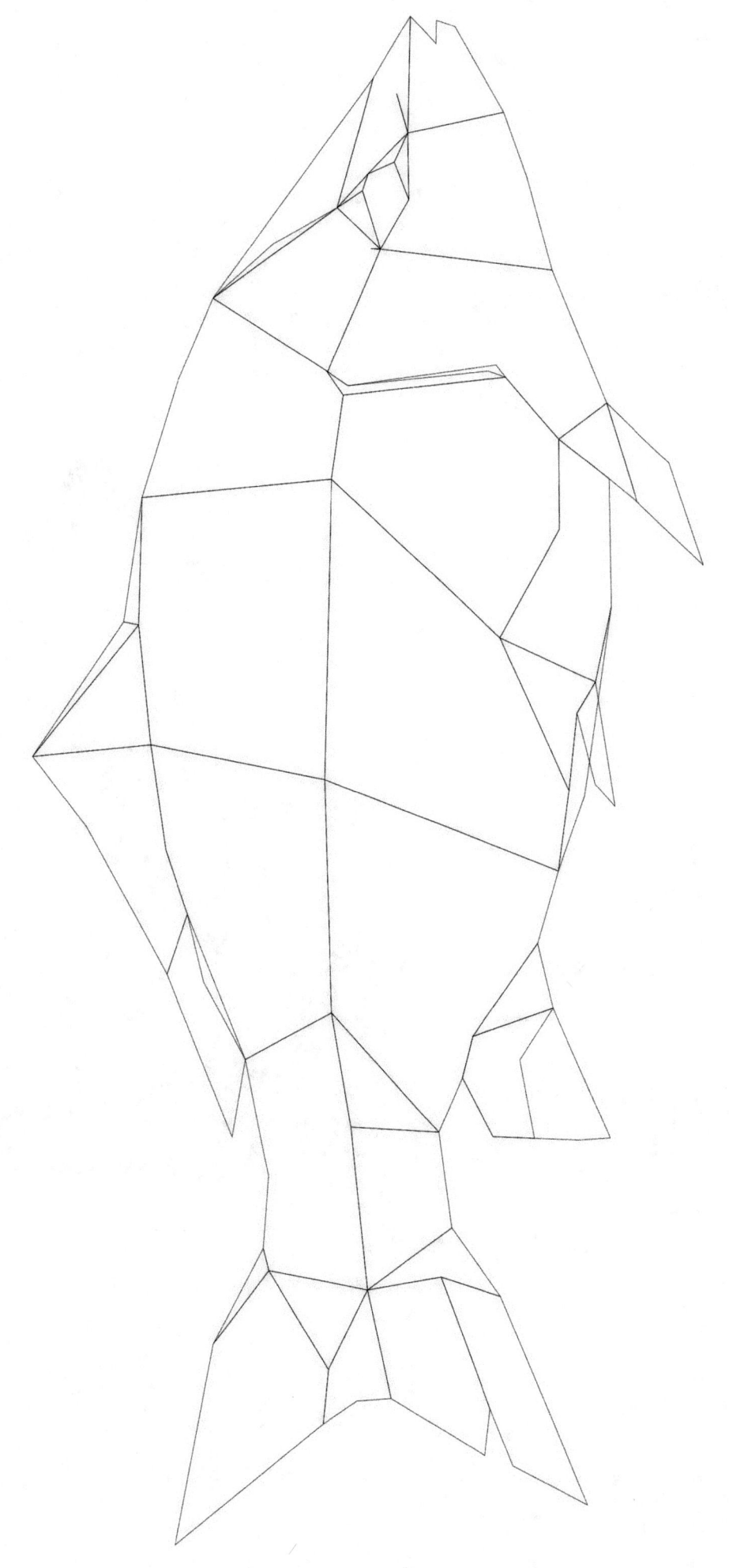

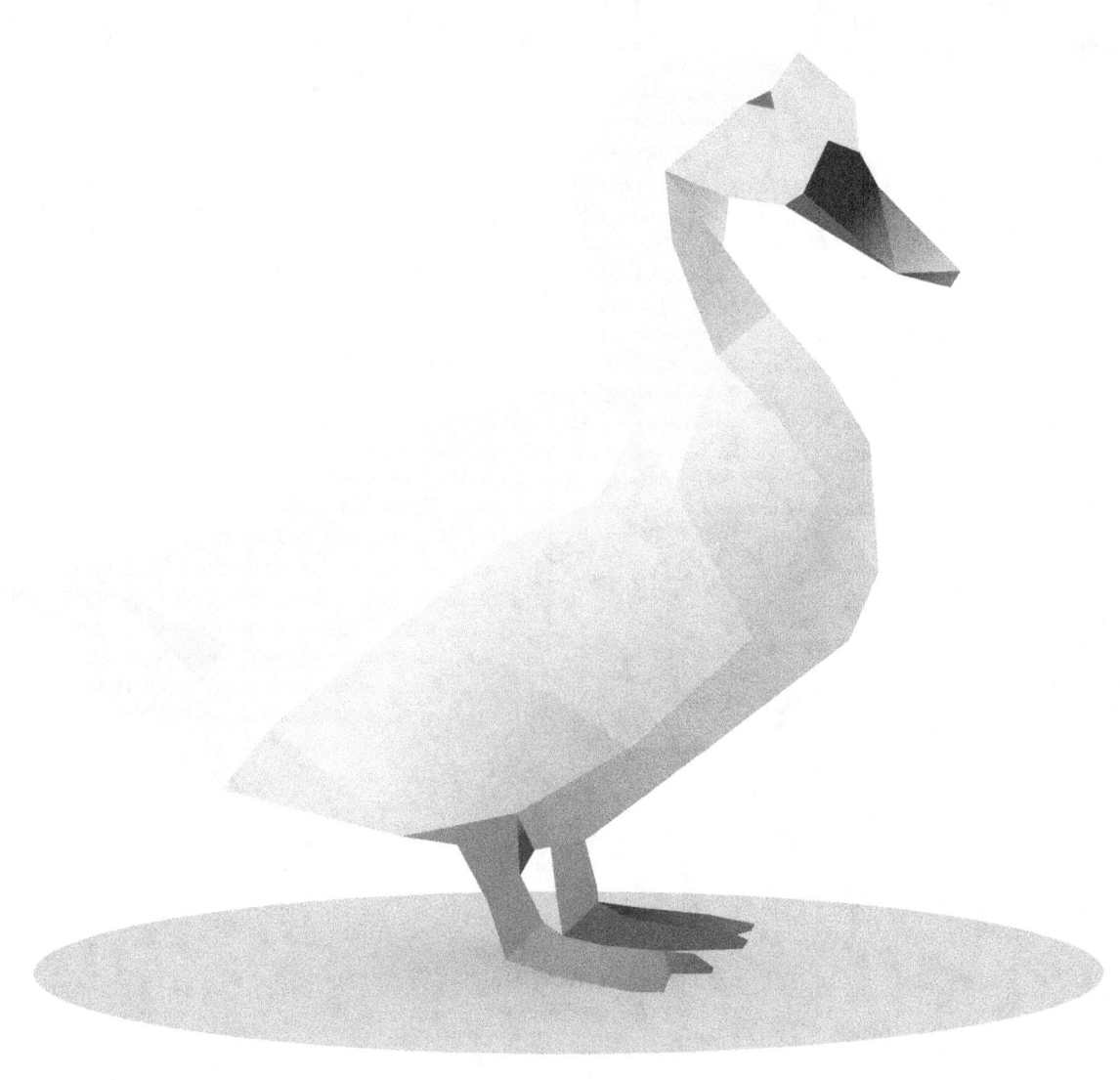

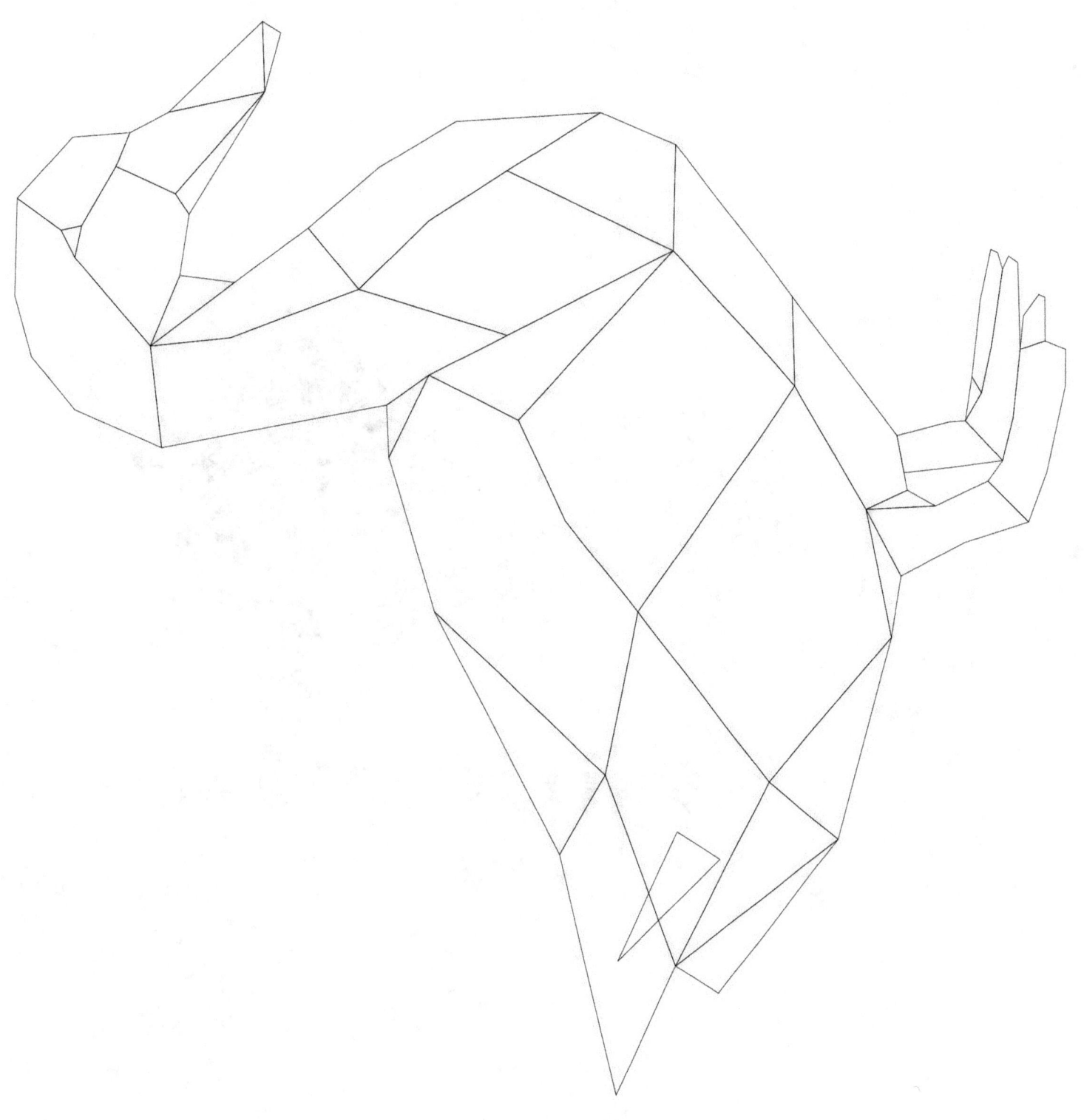

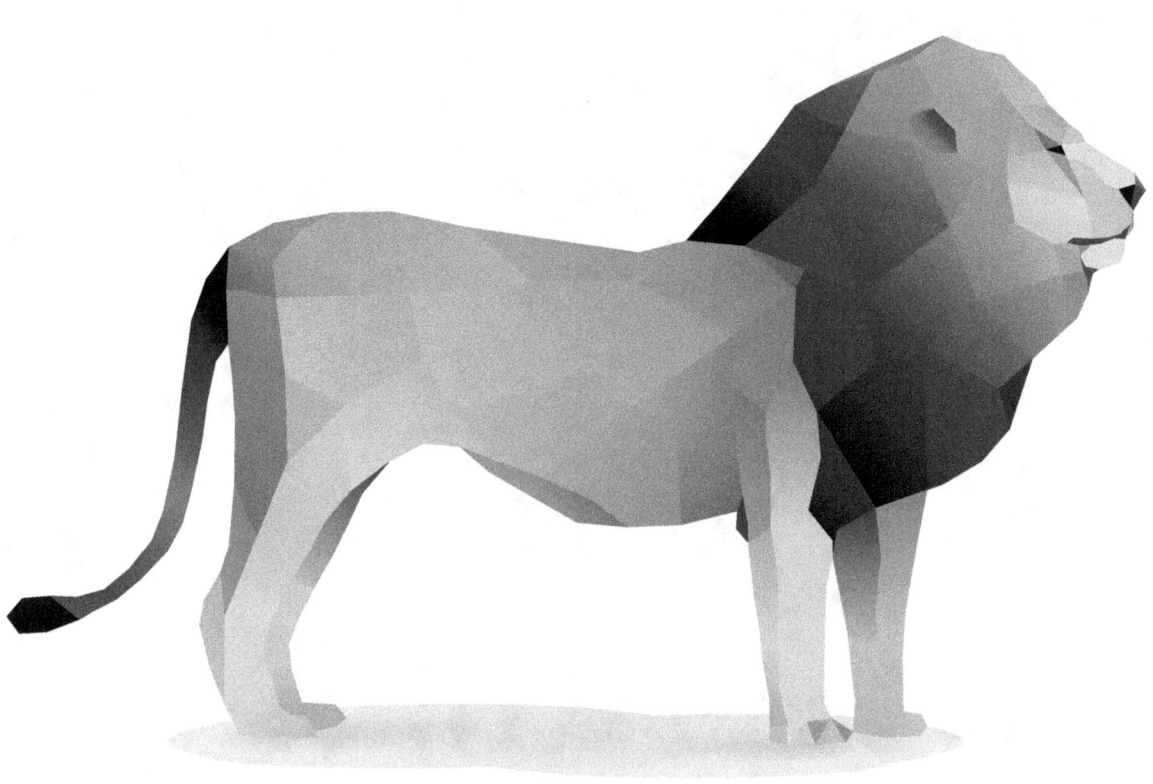

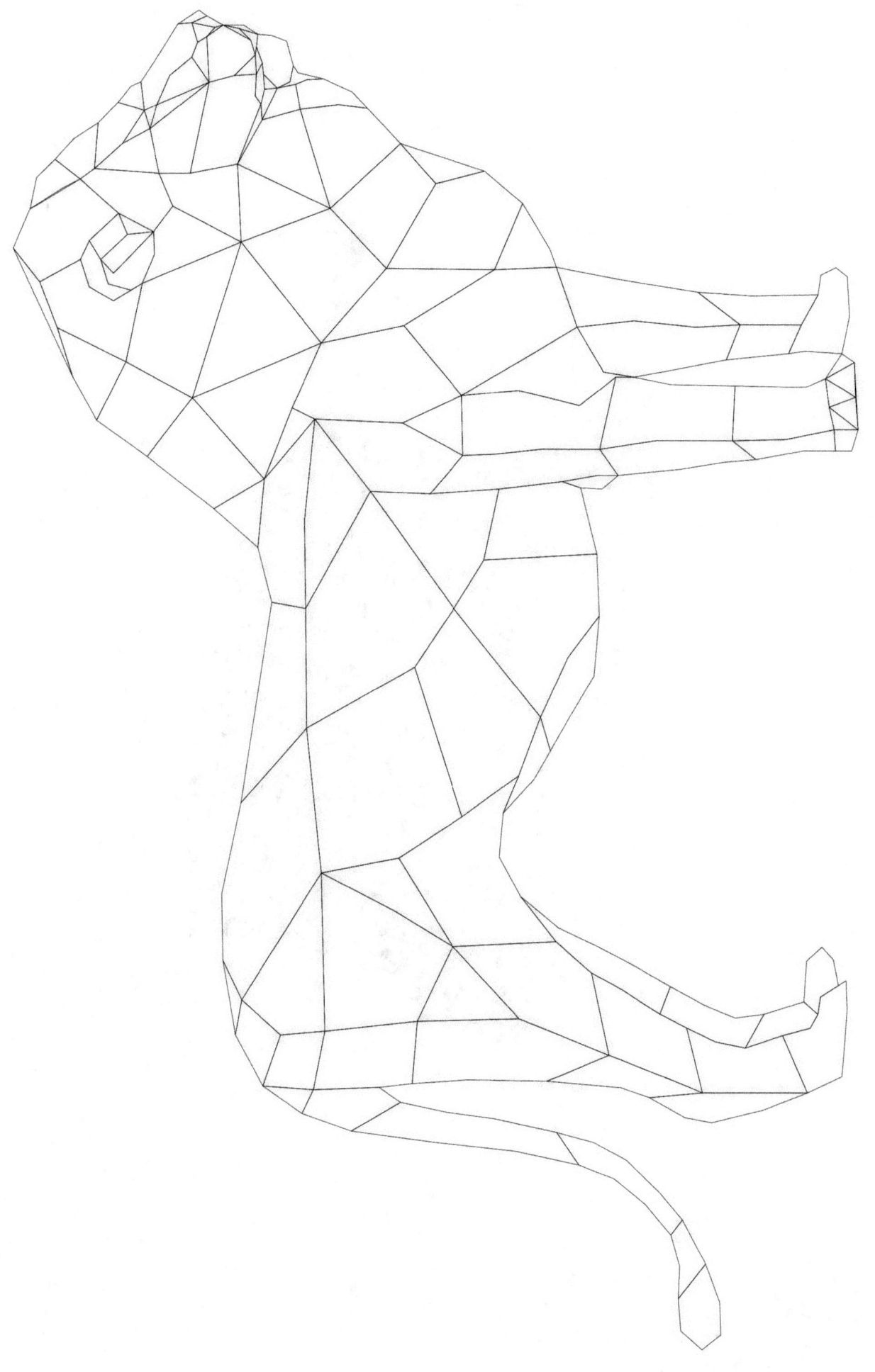

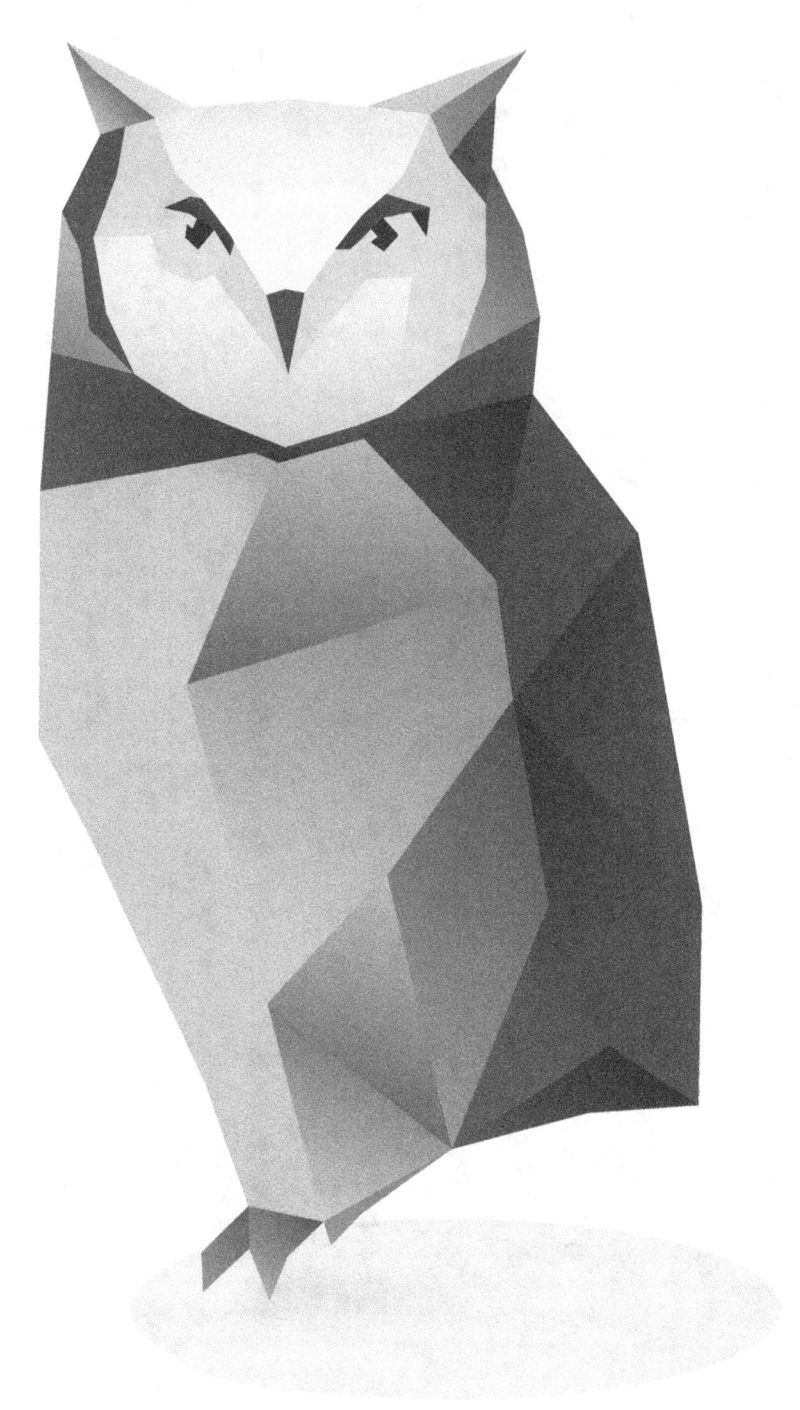

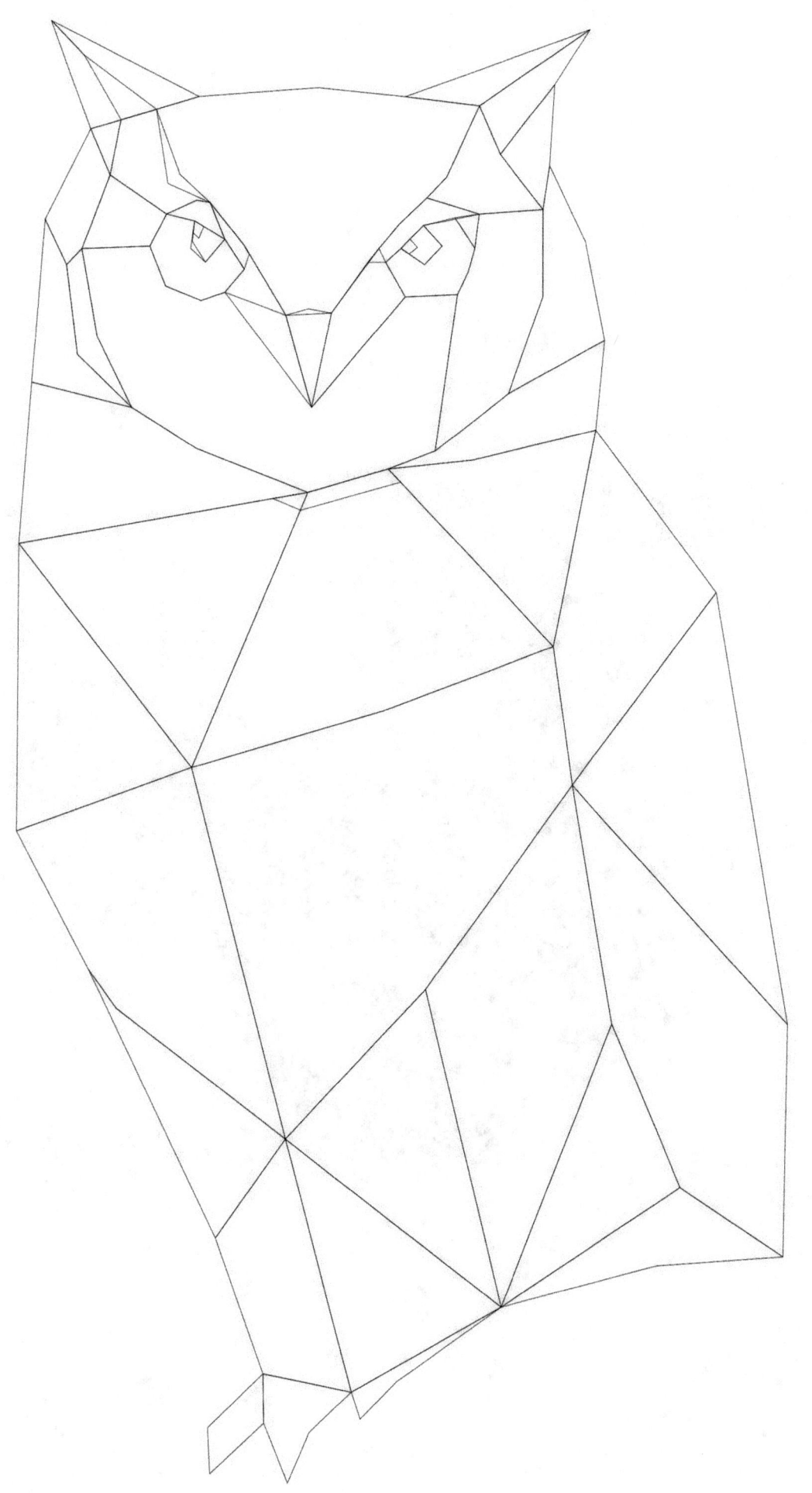

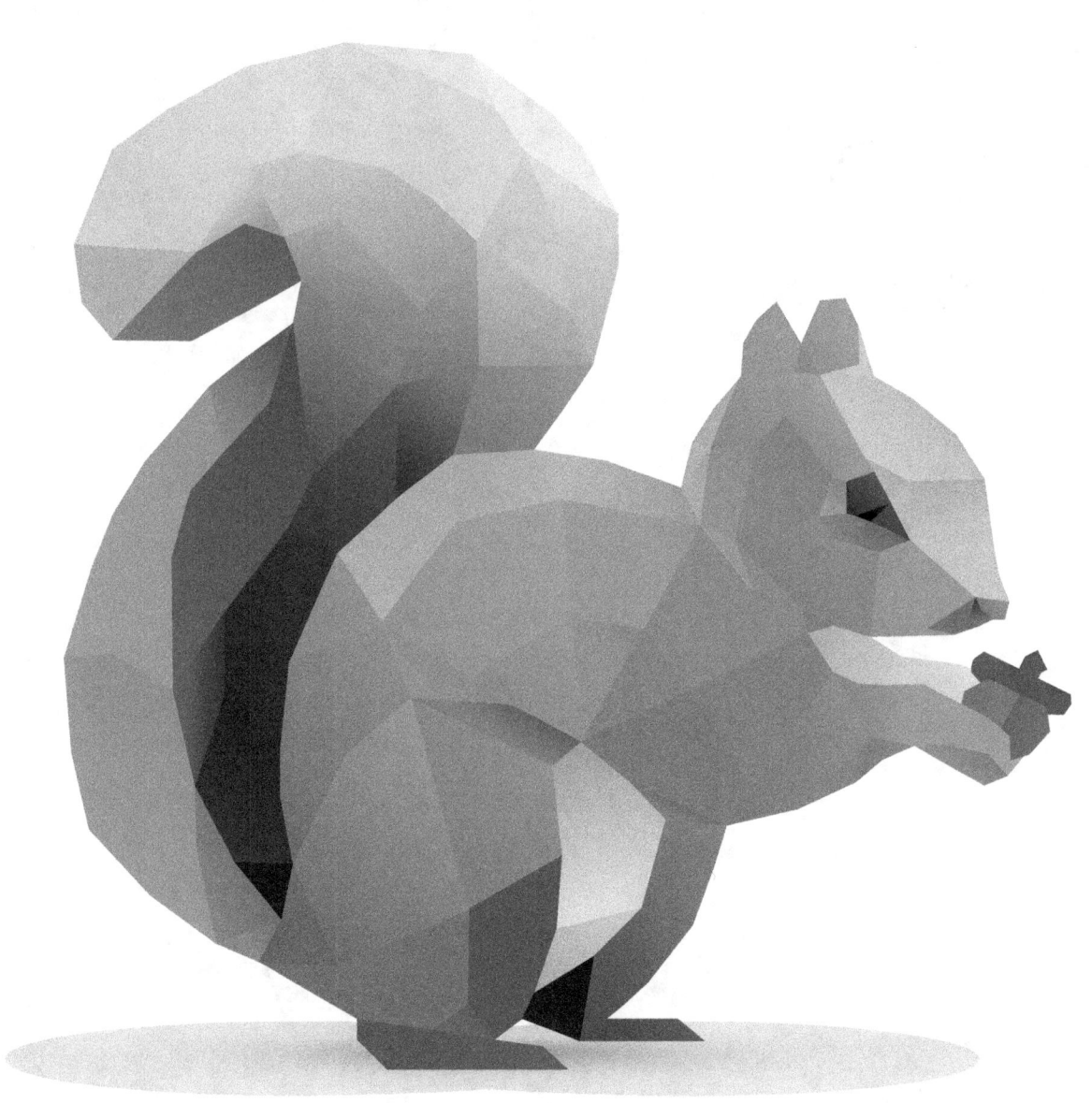

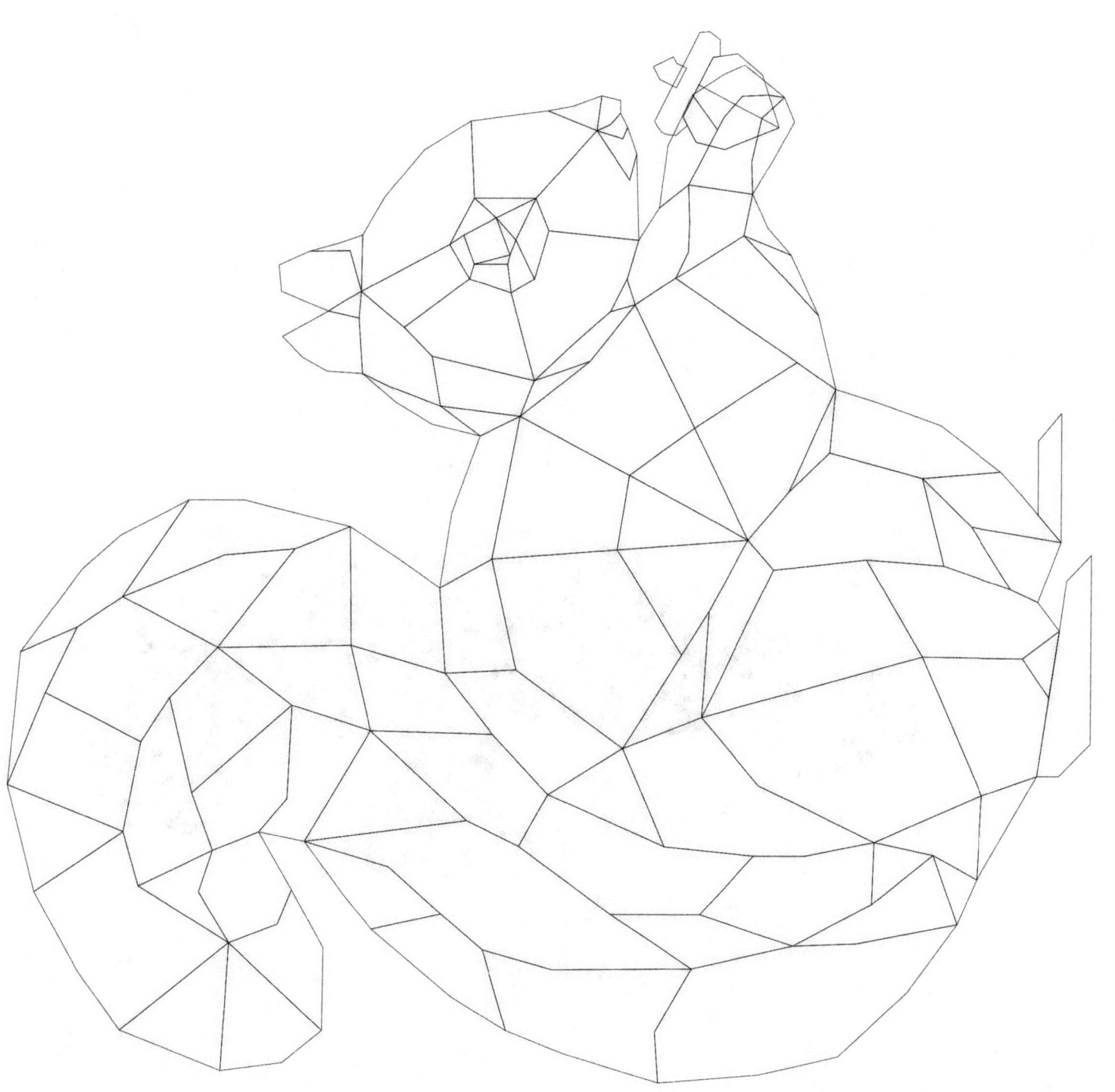

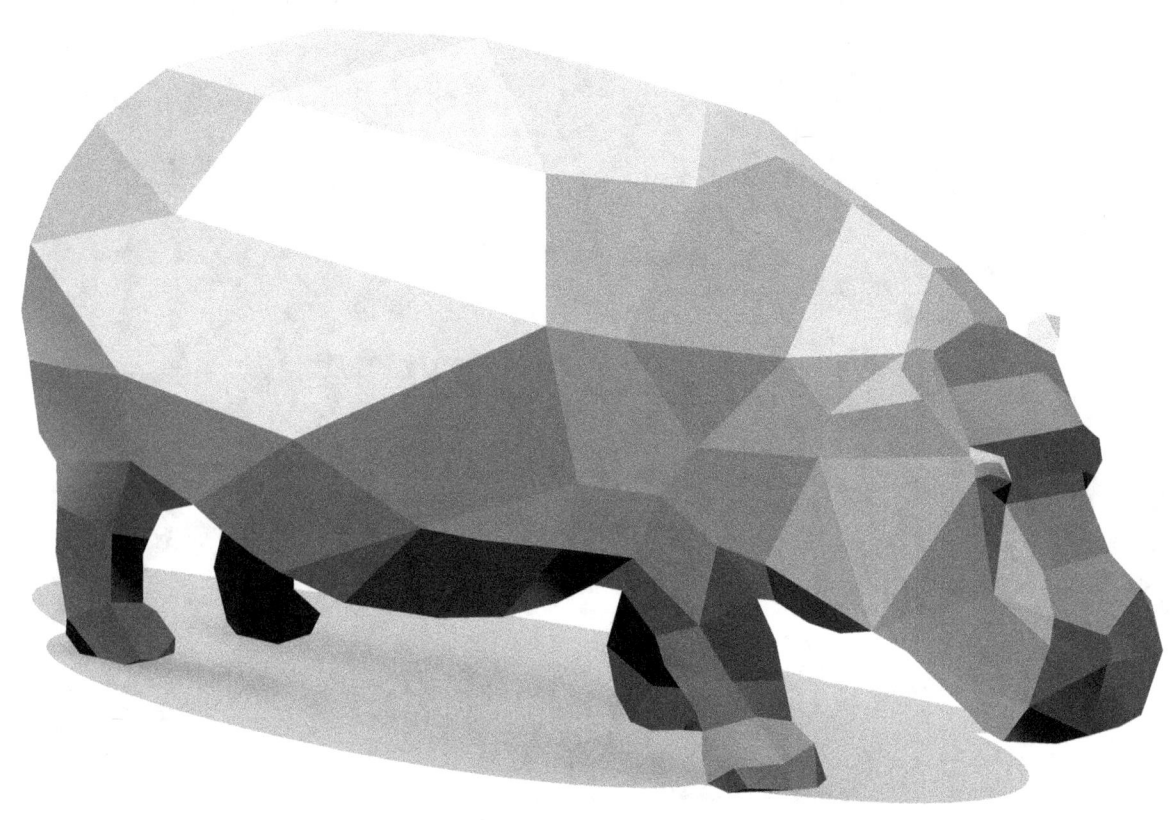

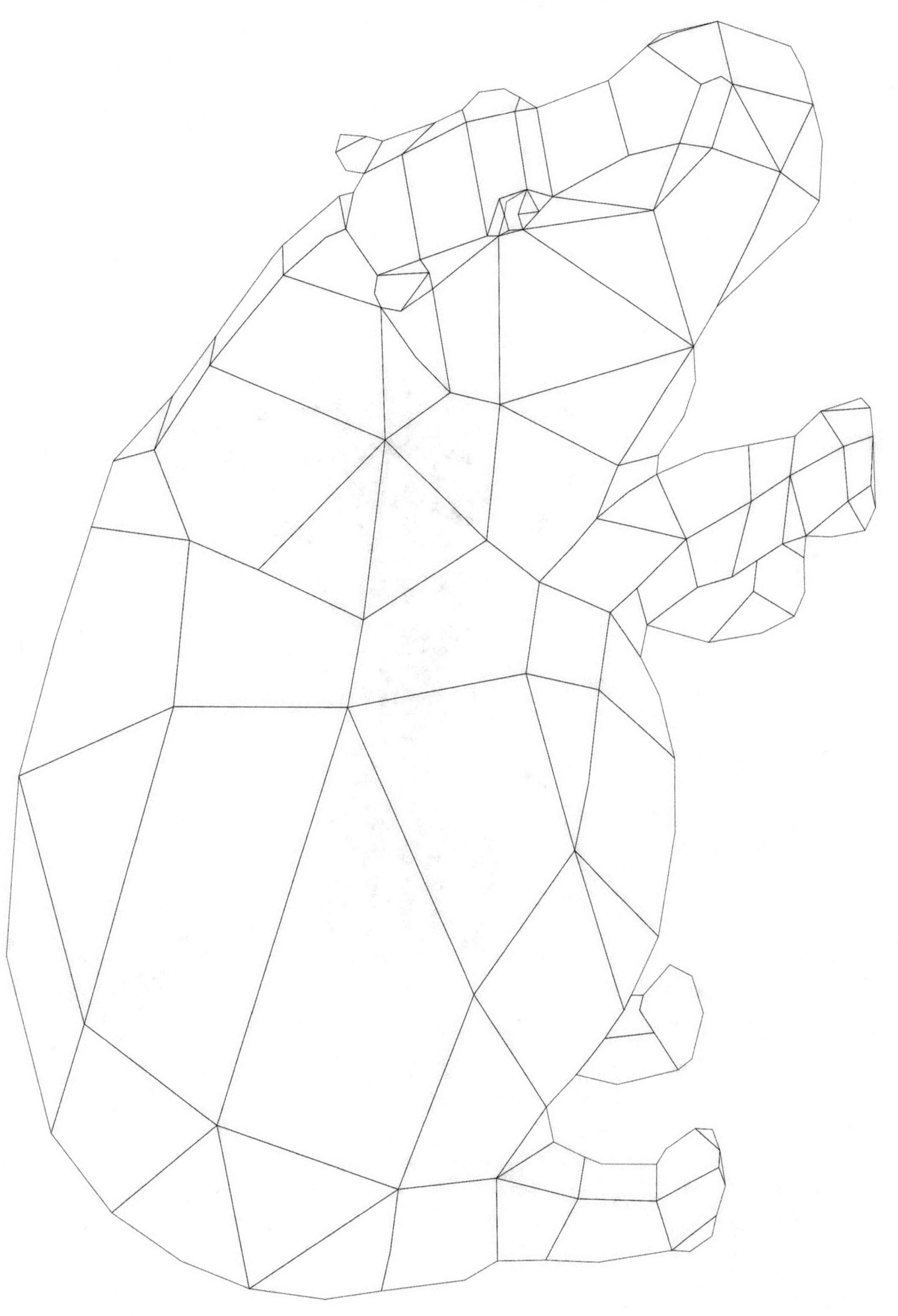

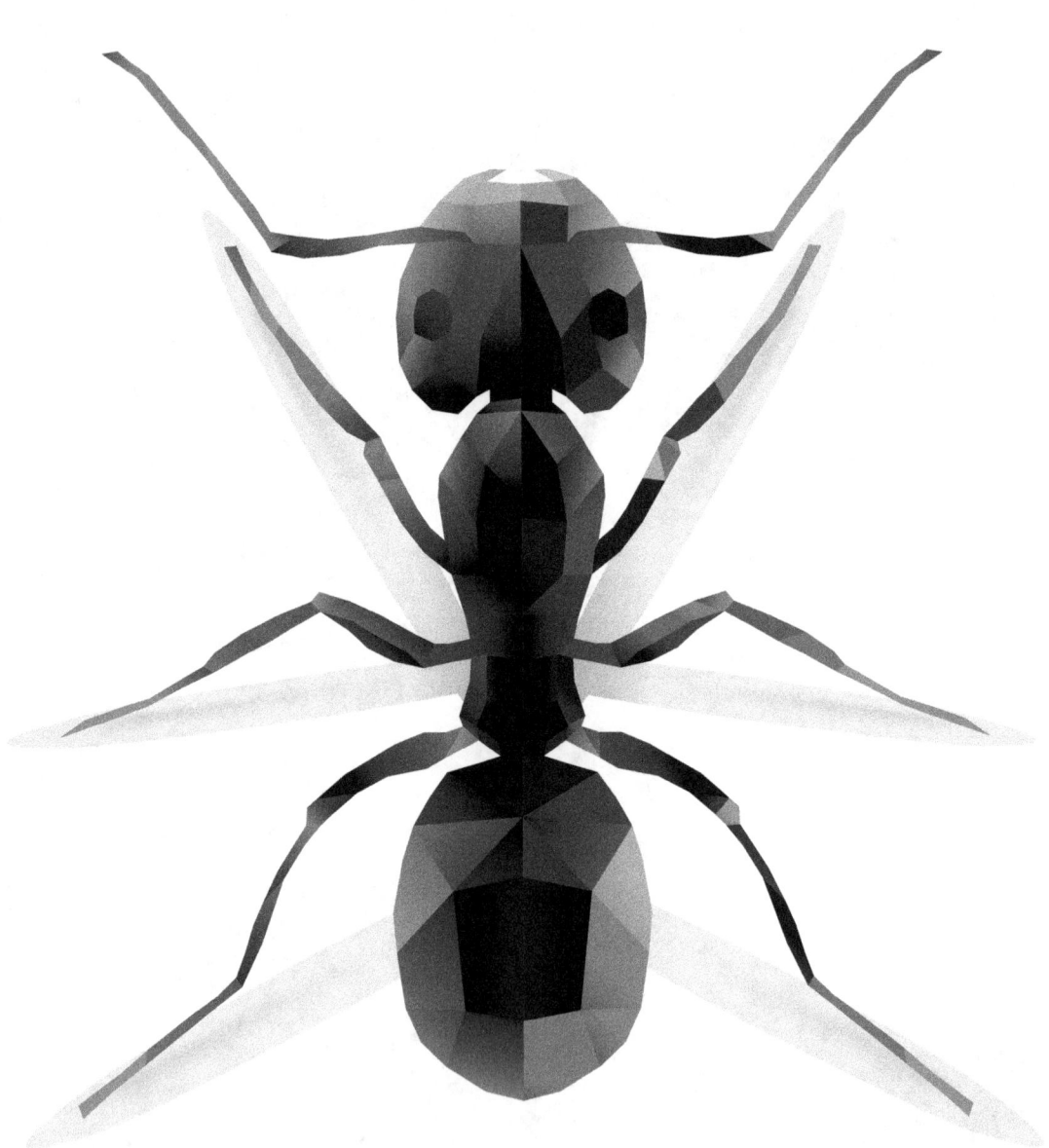

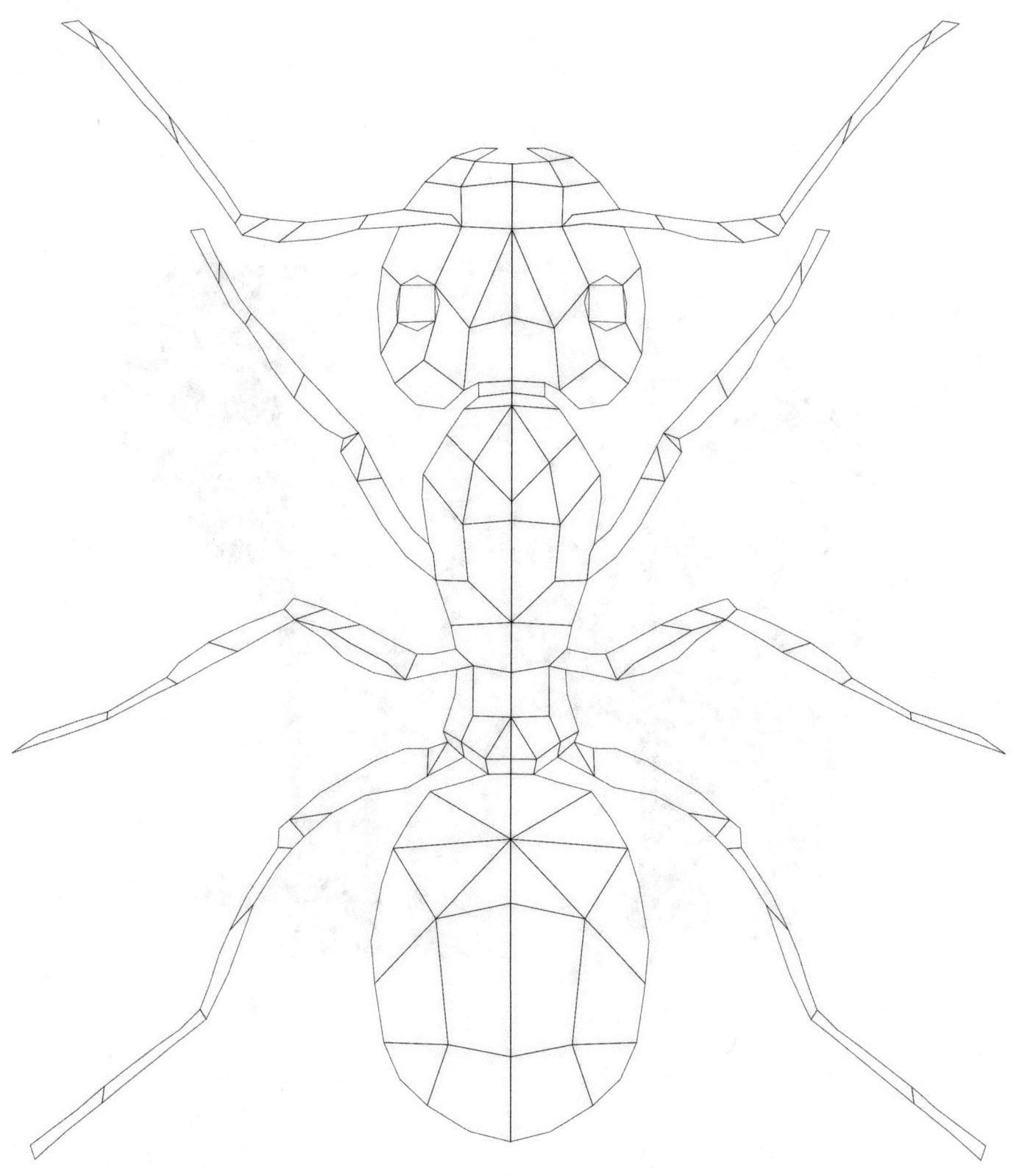

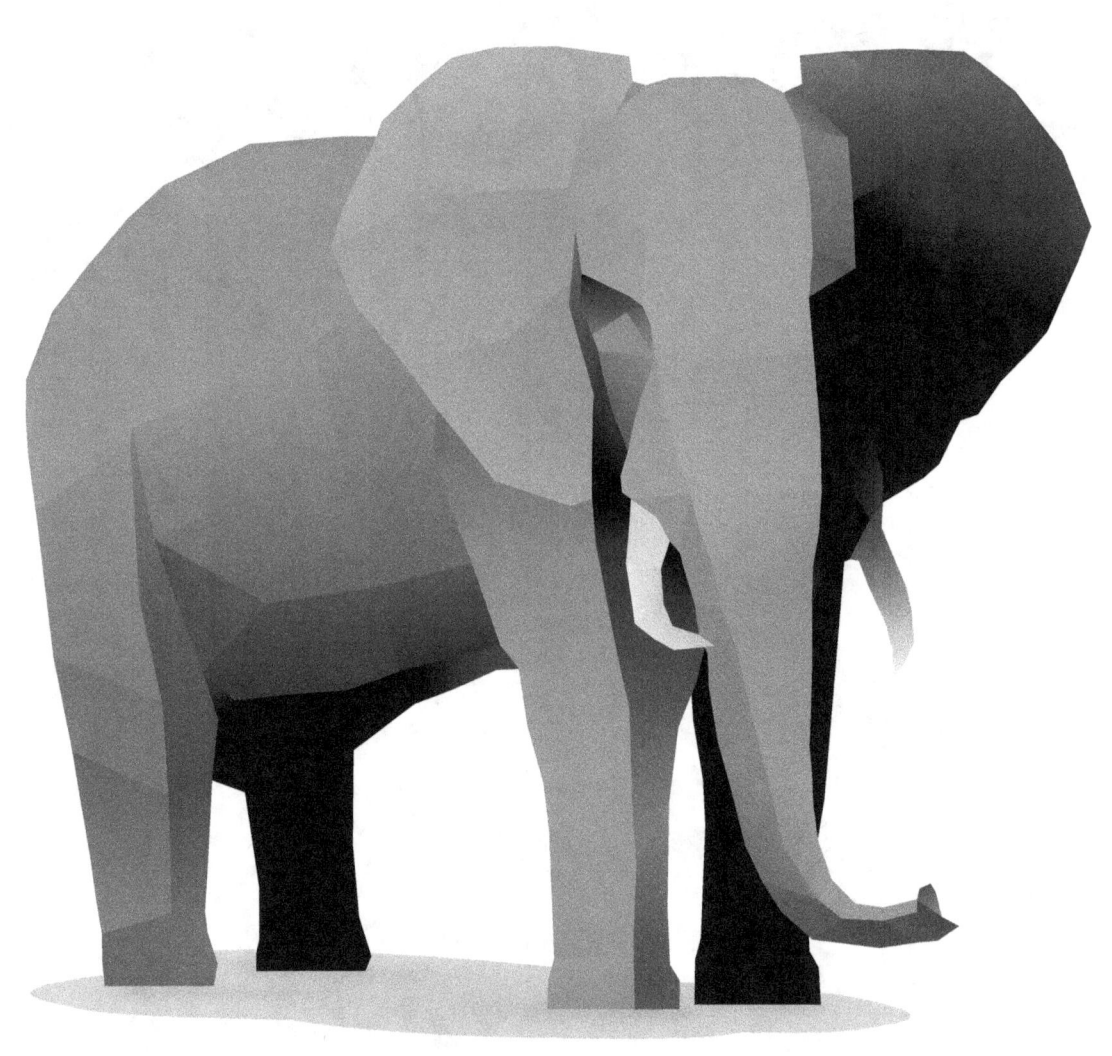

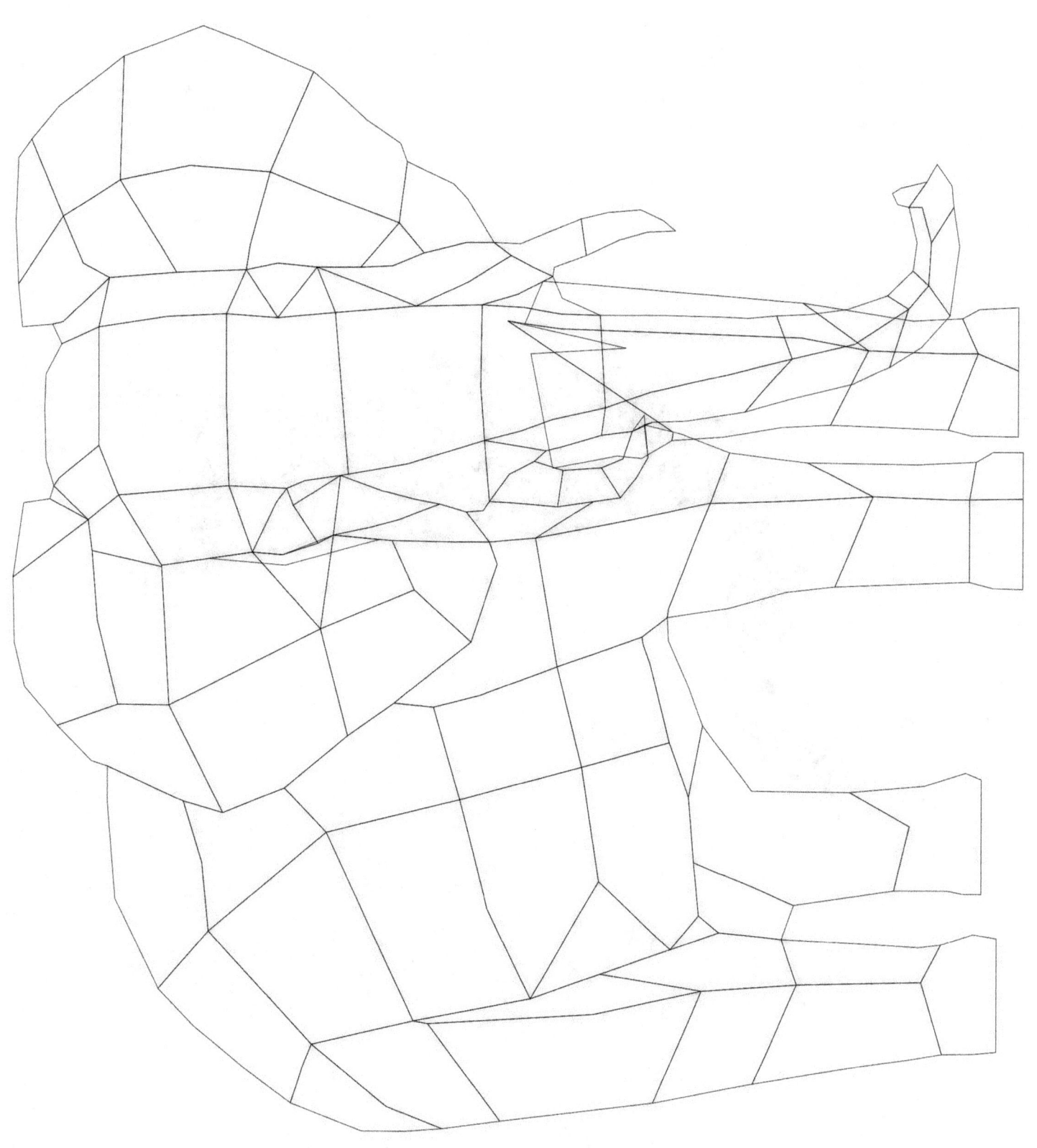

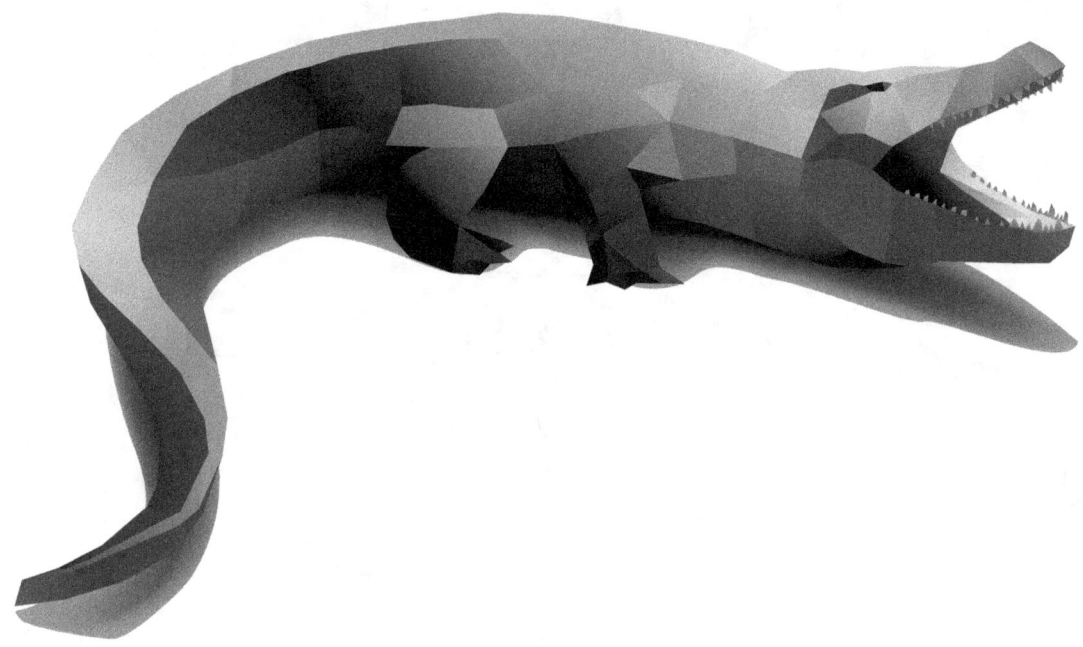

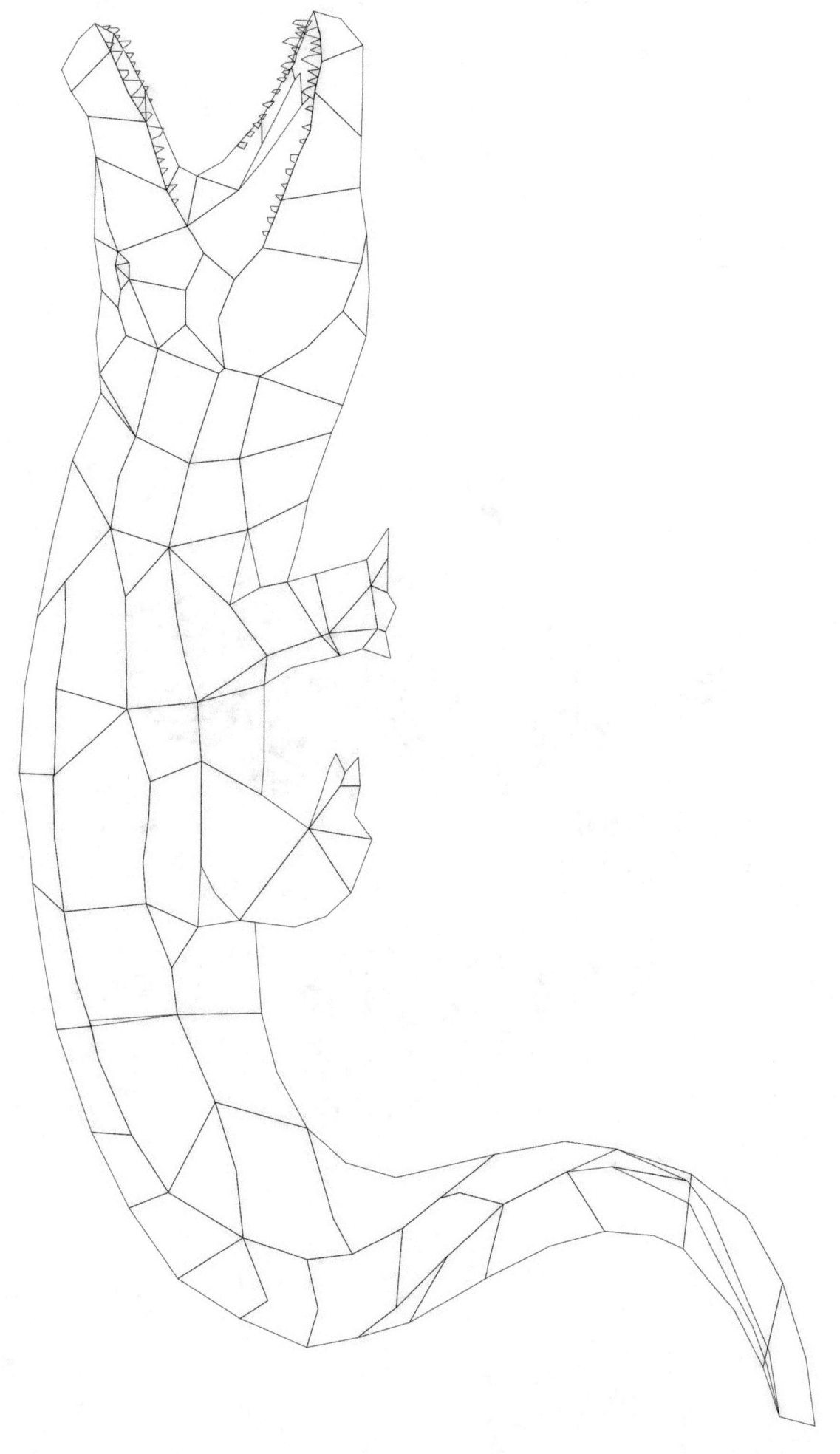

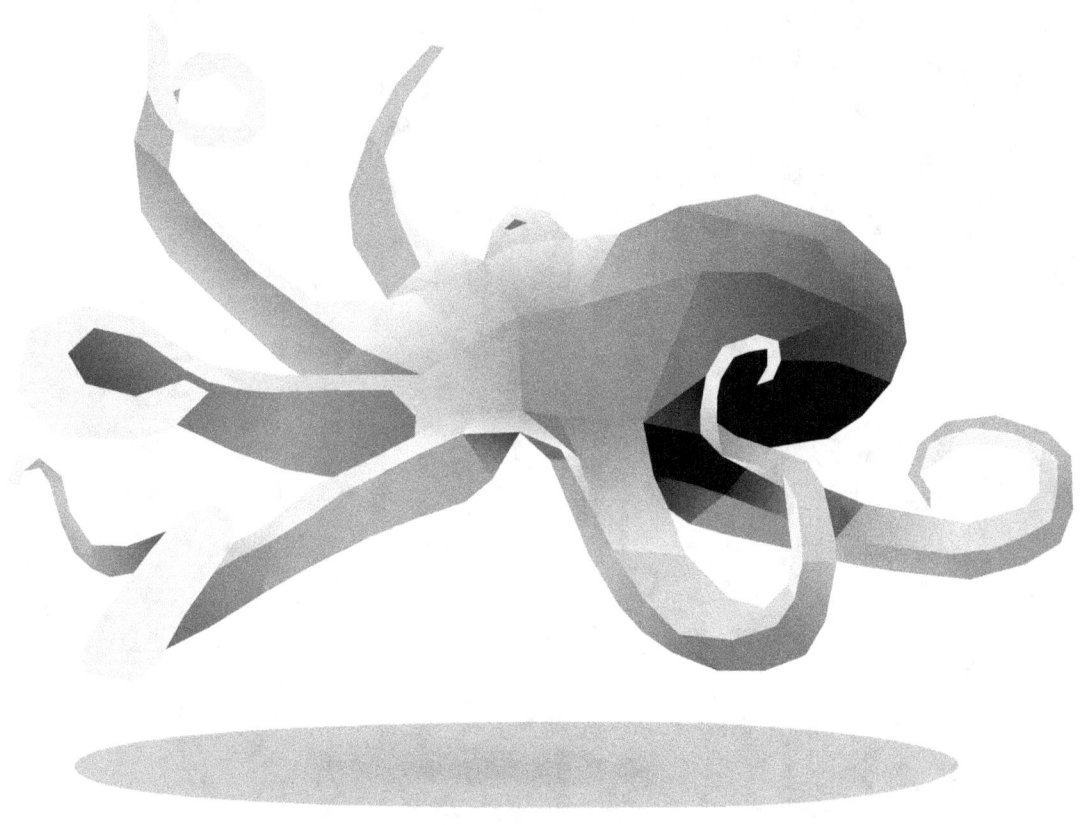

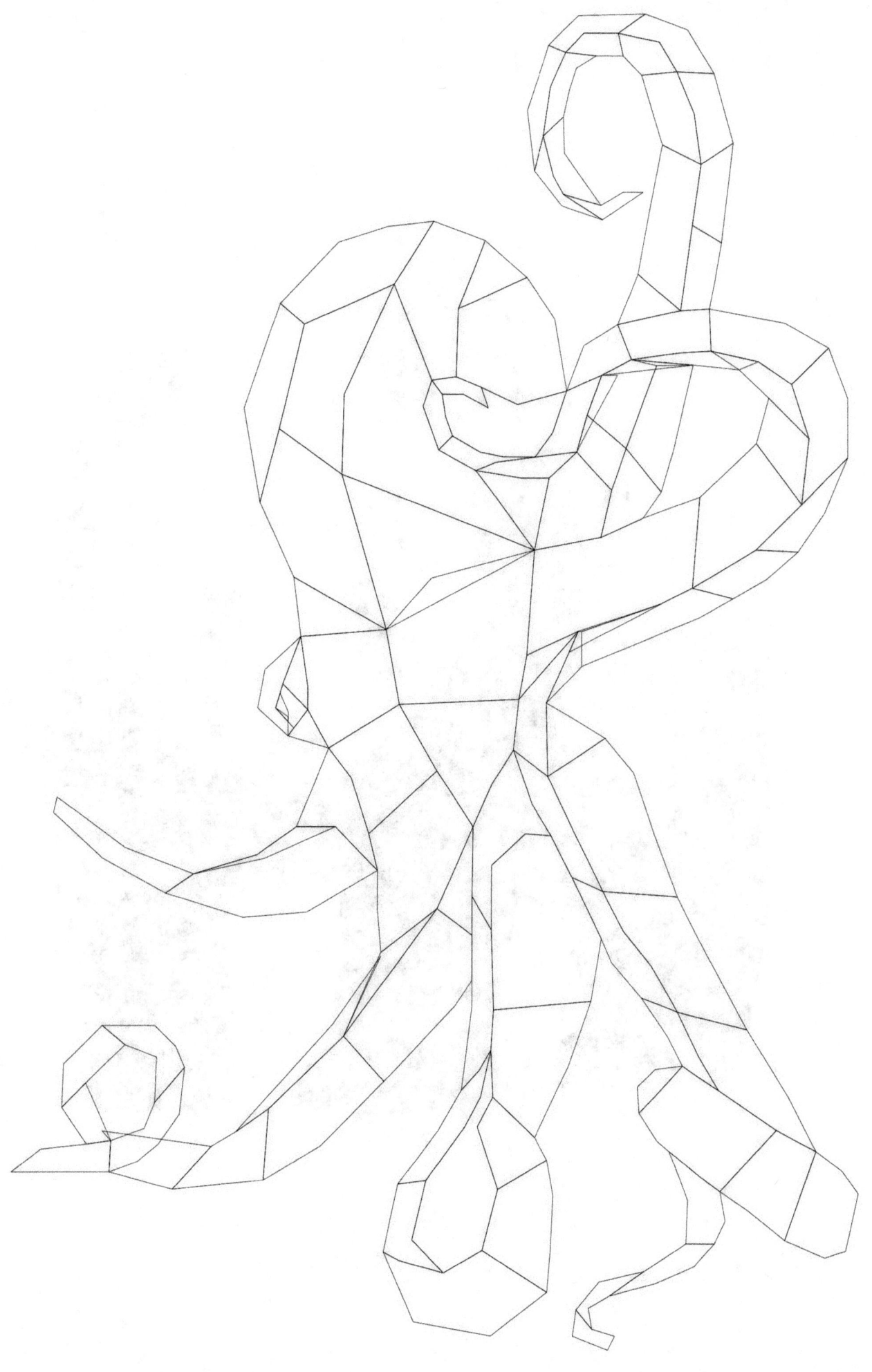

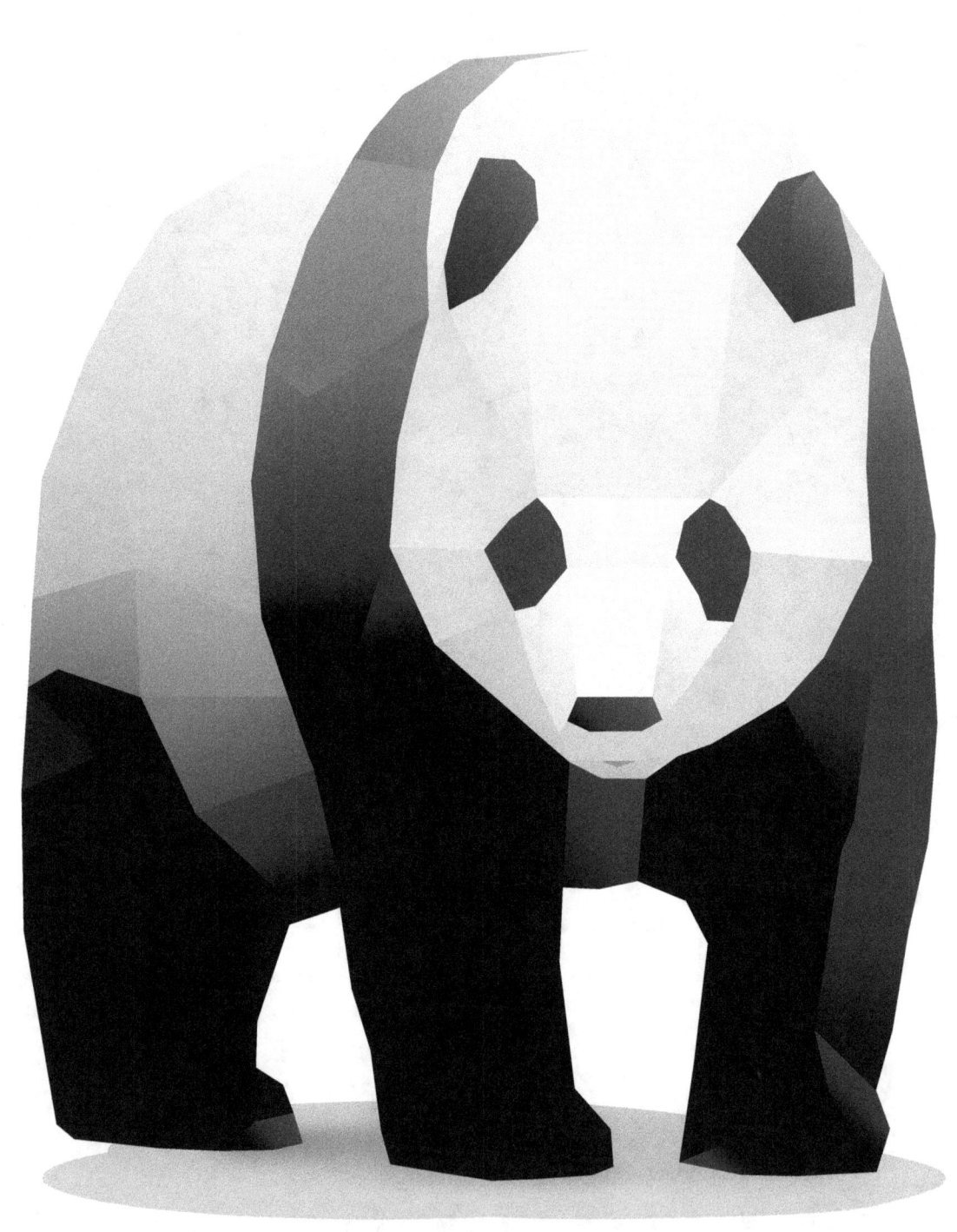

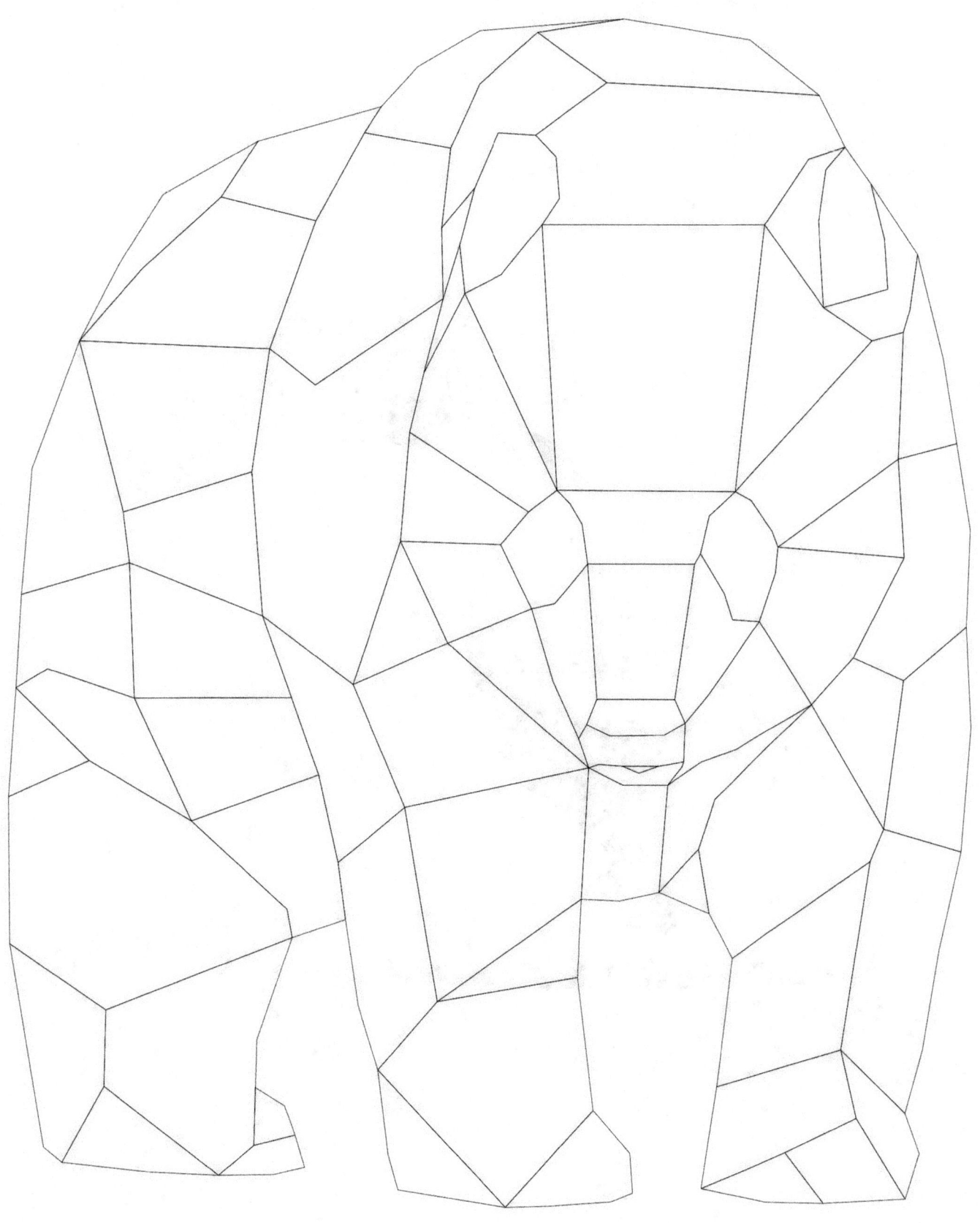

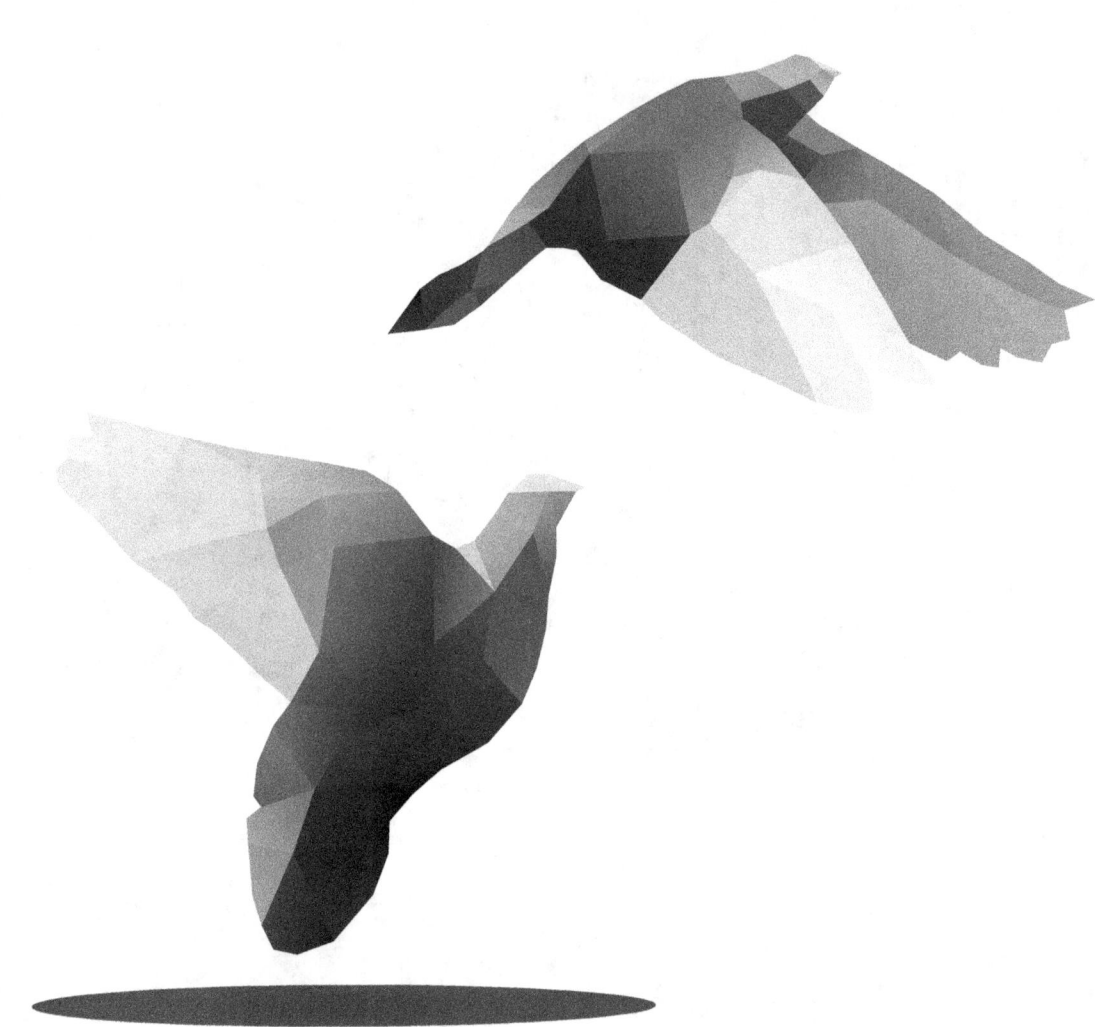

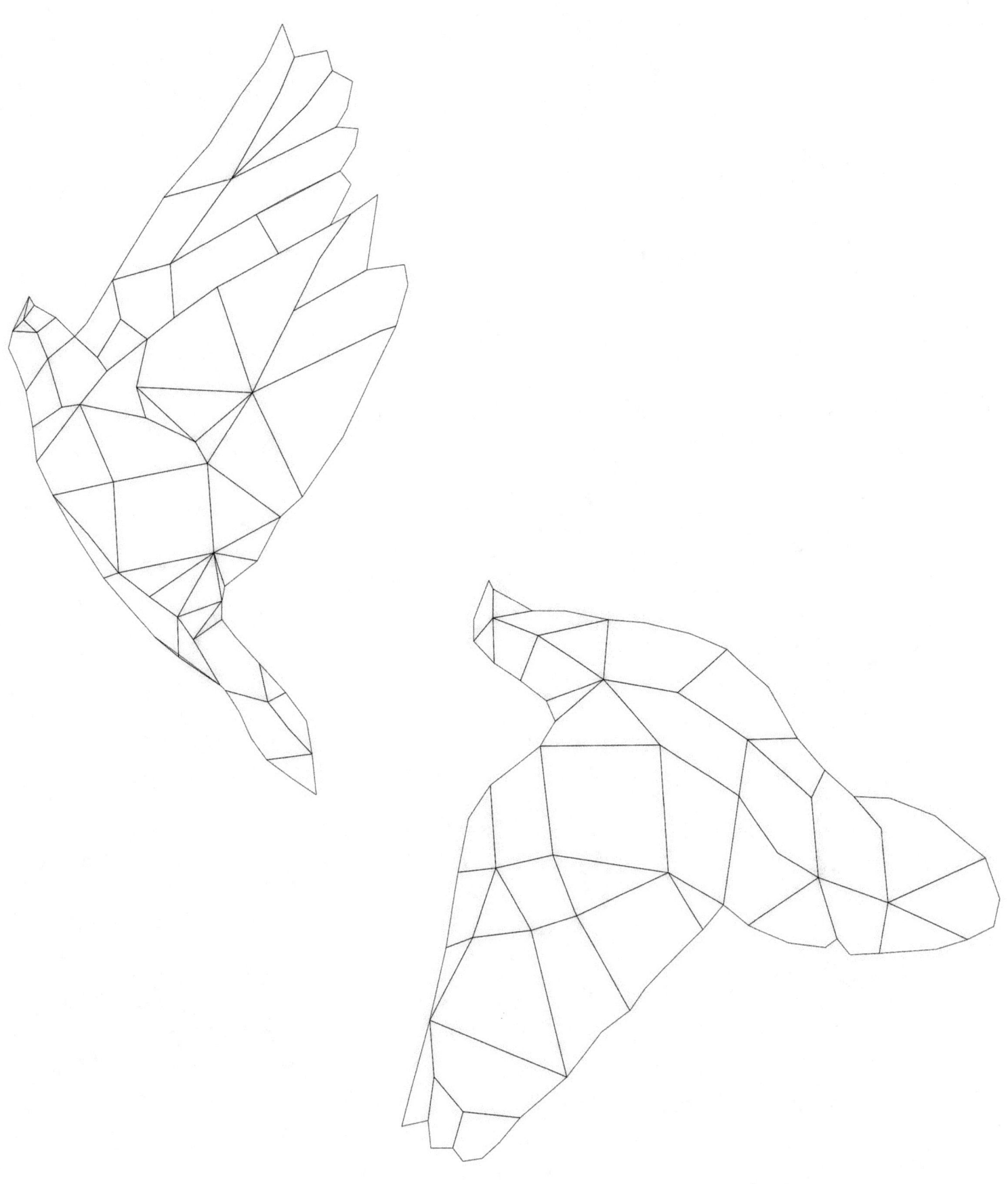

Hast du alle polygonen Tiere ausgemalt?
Prima, hoffentlich hattest du eine Menge Spaß!

www.ingramcontent.com/pod-product-compliance
Lightning Source LLC
Chambersburg PA
CBHW081456220526
45466CB00008B/2675